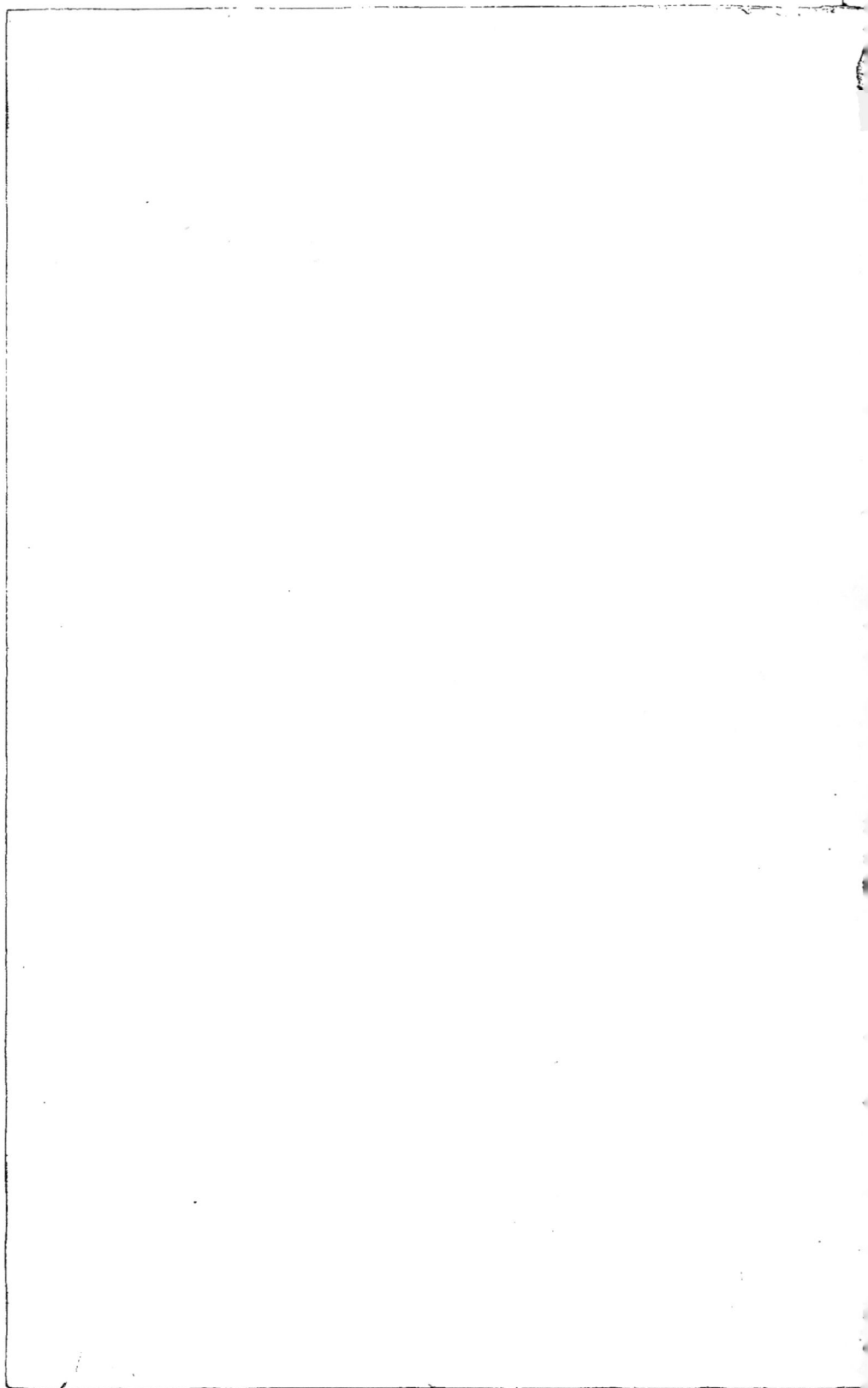

RECUEIL
DES USAGES LOCAUX

CONSTATÉS DANS LE DÉPARTEMENT

DES BASSES-PYRÉNÉES

PUBLIÉ

Avec l'approbation de S. Exc. le Ministre de l'agriculture,
du commerce et des travaux publics,

Et sous les auspices de M. G. d'AURIBEAU,

PRÉFET DU DÉPARTEMENT, COMMANDEUR DE LA LÉGION-D'HONNEUR, etc., etc.

Par Ed. ORCURTO-JOANY,

chef de division à la Préfecture.

> Il y a autant de variété dans les
> droits d'usage que dans les besoins
> et les volontés de l'homme.
>
> HENRION DE PANSEY.

PAU,

IMPRIMERIE ET LITHOGRAPHIE É. VIGNANCOUR.

1868.

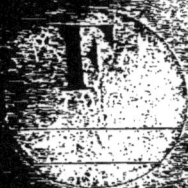

RECUEIL DES USAGES LOCAUX

CONSTATÉS

DANS LE DÉPARTEMENT DES BASSES-PYRÉNÉES.

RECUEIL
DES USAGES LOCAUX

CONSTATÉS DANS LE DÉPARTEMENT

DES BASSES-PYRÉNÉES

PUBLIÉ

Avec l'approbation de S. Exc. le Ministre de l'agriculture,
du commerce et des travaux publics,

ET sous les auspices de M. G. d'AURIBEAU,

PRÉFET DU DÉPARTEMENT, COMMANDEUR DE LA LÉGION-D'HONNEUR, etc., etc.,

PAR ED. ORCURTO-JOANY,

chef de division à la Préfecture.

Il y a autant de variété dans les
droits d'usage que dans les besoins
et les volontés de l'homme.

HENRION DE PANSEY.

PAU,

IMPRIMERIE ET LITHOGRAPHIE É. VIGNANCOUR.

1868.

Dès l'année 1844, l'administration supérieure s'était préoccupée de la recherche et de la constatation des usages locaux. Différé jusqu'en 1855, ce travail dut, à cette époque, être exécuté dans tous les départements. Des commissions furent instituées dans chaque canton, et c'est le résultat de leurs investigations qui est aujourd'hui livré au public.

Les coutumes ont été abrogées par la loi du 30 ventôse an XII, mais les usages sont encore en vigueur, et divers articles du code Napoléon y renvoient. Si quelques-uns des usages constatés sont tombés en désuétude, il en est d'autres qui sont encore suivis. De là, l'utilité de la publication de ce recueil.

Il serait sans doute à désirer, comme plusieurs commissions cantonales et la commission centrale en ont exprimé le vœu, que tous les usages disparussent et laissassent la loi écrite régner en souveraine. Mais on peut craindre que ce grand résultat ne puisse encore être atteint, car il paraît difficile d'uniformiser dans la loi, d'un seul trait et sans transition aucune, des usages dont la diversité est parfois aussi tranchée que celle des mœurs ou des climats.

Cette uniformité ne peut être que l'œuvre du temps. Un changement trop brusque porterait le trouble dans les habitudes et les transactions. En outre, la loi ne dispose que pour l'avenir, et il faut respecter ce qui a été consommé en dehors de son empire.

Nous aurions pu, secondant en cela le vœu signalé ci-dessus, ne pas donner de la publicité aux travaux des commissions. L'obscurité dans laquelle les usages seraient laissés n'aurait pu qu'aider à leur disparition. Nous avons pensé que cette disparition était loin de passer à l'état de fait accompli, et dès que certains usages restent et resteront encore debout, il nous a paru que leur publication serait utile aux juges et aux administrateurs, aux justiciables et aux administrés, et que, là où il n'existe pas d'usage, la constatation officielle de ce défaut serait également bonne.

La présente publication réalise d'ailleurs un vœu exprimé par M. le Ministre de l'Agriculture, du Commerce et des Travaux publics. Son Excellence ayant bien voulu en reconnaître l'utilité, et M. d'Auribeau, Préfet du département, ayant daigné la prendre sous ses auspices, nous n'avons pas hésité à entrer dans la voie qui nous était indiquée.

Au surplus, cette publication n'a pas exclusivement lieu dans l'intérêt de la justice et de l'administration. Elle a aussi une portée historique qui n'est pas sans attrait. Si les usages doivent disparaître, peut-être y aura-t-il quelque avantage à vérifier un jour comment nos pères réglaient différents actes de leur vie. Il en sera de ces usages ce qu'il en est de ces vieilles législations qui n'ont plus de force et que l'on étudie néanmoins avec plaisir et avec fruit. Elles ne trouvent plus de place dans nos codes, mais elles ne sauraient être retranchées du domaine de l'histoire.

D'autres, ayant le talent et le loisir qui nous manquent, pourront faire des études sur nos usages, rapprocher ceux-ci de la jurisprudence qui y a trait et tirer de ce rapprochement des inductions et des conséquences profitables à tous. Nous n'avions, nous, qu'à ouvrir le champ : que de plus éclairés et de plus autorisés y entrent. Nous n'avons dans cette publication d'autre mérite, si mérite il y a, que celui d'en avoir pris l'initiative et d'avoir coordonné et condensé les estimables travaux dont elle se compose.

Ed. Orcurto-Joany.

Pau, le 20 août 1868.

ACTES OFFICIELS

PRESCRIVANT

la recherche, la constatation et la vérification des usages locaux.

——————————————

Paris, le 26 juillet 1841.

Monsieur le Préfet, plusieurs Conseils généraux de département ont, dans leurs sessions des années dernières, exprimé le vœu que l'on s'occupât de constater et de recueillir, dans l'intérêt des services de l'administration et des tribunaux, les usages locaux auxquels se réfèrent diverses dispositions législatives

La loi, en effet, donne à l'usage force de loi dans un assez grand nombre de cas. Ainsi, le code civil a disposé que l'usufruit des bois (art. 590, 593); l'usage des eaux courantes (art. 644, 645); la hauteur des clôtures dans les villes et faubourgs (art. 663); les distances à garder entre les héritages pour les plantations d'arbres de haute tige (art. 671); les constructions susceptibles par leur nature de nuire au voisin (art. 674); les délais à observer pour les congés des locations et les paiements des sous-locations (art. 1736, 1738, 1753, 1758, 1759); les réparations locatives ou de menu entretien (art. 1754, 1755); les obligations des fermiers entrants et sortants (art. 1777), auraient généralement pour règle *l'usage des lieux*, *les règlements particuliers*, *les coutumes*; de même, la loi du 28 septembre—6 octobre 1791, qui régit la police rurale, renvoie pour ce qui concerne le glanage, la vaine pâture, le parcours, à *l'usage local immémorial* et aux *coutumes*; de même encore, la loi du 14 floréal an XI subordonne aux *anciens réglements* et aux *usages locaux* la direction des travaux qui ont pour objet le curage des canaux et rivières non navigables et l'entretien des ouvrages d'art qui y correspondent.

L'énumération de ces cas principaux suffit pour que l'on comprenne de quelle utilité serait dans chaque département un recueil des usages formé avec soin et revu par toutes les personnes de la localité les mieux instruites et les plus compétentes. On ne saurait sans doute l'imposer comme loi ; mais les autorités, aussi bien que les particuliers, y puiseraient journellement des renseignements indispensables, et par degrés, on parviendrait à rectifier, et même à fixer, d'une manière presque authentique, des usages parfois contradictoires et trop souvent mal connus ; au moins ces documents seraient d'une grande importance pour l'élaboration d'un code rural demandé par le plus grand nombre des Conseils généraux de département.

Il existe quelques exemples des travaux de ce genre. La société libre d'agriculture de l'Eure, après une sorte d'enquête qu'elle a ouverte dans son sein, a publié un résumé des usages locaux pour les cinq arrondissements du département. Un travail semblable a été fait vers le même temps dans le département d'Eure-et-Loir, mais il n'embrasse que quelques cantons. Enfin, M. Amédée Clausade, membre du Conseil général du Tarn, a recueilli, sous les auspices et grâce à l'appui de M. le Procureur général près la Cour royale de Toulouse, les usages locaux de diverses natures qui sont en vigueur dans le département du Tarn.

Je vous invite, Monsieur le Préfet, à soumettre au Conseil
général cette question et à le prier d'examiner s'il y a lieu
de former un Recueil des usages locaux dans le département,
quelle sera la marche à suivre pour en assurer la bonne exécution, et quels encouragements pourront y être consacrés.

Recevez, etc.

Le Ministre Secrétaire d'Etat de l'Intérieur,
Signé, T. DUCHATEL.

Paris, le 5 juillet 1850.

Monsieur le Préfet, par une circulaire en date du 26 juillet
1844, imprimée sous le n° 35, M. le ministre de l'intérieur
invita MM. les préfets à consulter les Conseils généraux de
leur département sur l'opportunité de faire constater et recueillir, dans l'intérêt des services administratifs et des tribunaux, les usages locaux auxquels se réfèrent diverses dispositions législatives.

Des avis parvenus à mon ministère me portent à croire que
cette enquête a été ordonnée dans le plus grand nombre des
départements et que des commissions spéciales ont été nom-
mées pour cet objet.

Ce travail, par sa nature, concerne particulièrement l'industrie rurale, dont les intérêts se trouvent liés aux questions des baux à ferme, de la vaine pâture et du parcours;
du curage des cours d'eau; des clôtures; des distances à observer pour les plantations d'arbres ou les constructions; en
un mot, à une très-grande quantité d'usages auxquels la législation donne force de loi en beaucoup de circonstances.

En conséquence, je vous invite, dans le cas où ce travail
aurait été fait ou commencé dans votre département, à vouloir bien me le faire connaître.

Vous voudrez bien également m'adresser le plus prompte-

ment possible une copie ou un exemplaire de ce qui aura été
produit ou publié en exécution de la circulaire de M. le ministre de l'intérieur.

Recevez, etc.

Le Ministre de l'agriculture et du commerce,
Signé, DUMAS.

Paris, le 15 février 1855.

Monsieur le Préfet, le 5 juillet 1850, le Ministre qui diri-
geait alors le département de l'agriculture et du commerce
invita les préfets des départements à lui faire connaître si,
conformément aux prescriptions d'une circulaire du Ministre
de l'intérieur, en date du 26 juillet 1844, les usages locaux
avaient été recueillis dans les localités placées sous leur administration.

Dans le cas où ce travail aurait été fait, il les engageait à
lui transmettre une copie ou un exemplaire de ce qui aurait
été produit ou publié relativement à cet objet.

Quelques-uns de MM. les préfets ont adressé à l'administration centrale, en exécution de cette invitation, des copies
ou exemplaires des travaux exécutés ou des publications faites. Toutefois, ces envois ne concernent qu'un petit nombre
de départements, et j'ai pensé qu'il serait utile de compléter
cette grande enquête, qui peut donner au Gouvernement des
indications précieuses sur les besoins de l'industrie agricole.

En conséquence, je vous serai obligé de vouloir bien prendre toutes les dispositions nécessaires pour faire constater et
recueillir dans votre département tous les usages locaux, c'est-
à-dire ceux qui ne sont pas le résultat évident et direct d'un
article de la loi, et auxquels les applications qui en sont faites
dans quelques localités ou dans la plupart d'entre elles donnent un véritable caractère de généralité.

Dans ce but, vous désignerez dans chaque canton une commission présidée par le juge de paix et composée du membre de la chambre consultative d'agriculture, du membre du Conseil général et de deux ou trois autres membres choisis parmi les officiers ministériels exerçant dans la localité et les cultivateurs les plus instruits.

Cette commission fera son travail, qui sera vérifié par une commission centrale établie près votre préfecture, et dans laquelle vous ferez entrer les membres des cours ou tribunaux du chef-lieu, ainsi que plusieurs des jurisconsultes les plus renommés.

Je vais m'entendre, du reste, avec mon collègue M. le garde des sceaux, afin qu'il adresse aux fonctionnaires qui relèvent de son département les instructions nécessaires pour l'exécution des présentes dispositions.

Vous aurez le soin de me transmettre, dès que vous le pourrez, le résultat des travaux accomplis, mais vous voudrez bien dès actuellement m'accuser réception de la présente circulaire et me faire connaître l'ensemble des mesures que vous aurez adoptées pour en assurer l'exécution.

Recevez, Monsieur le Préfet, l'assurance de ma considération très-distinguée.

Pour le Ministre :
Le Conseiller d'État,
Directeur général de l'agriculture et du commerce,
Signé, HEURTIER.

TEXTE

Des articles mentionnés dans la circulaire
de M. le Ministre de l'Intérieur.

Code Napoléon.

ART. 590. Si l'usufruit comprend des bois taillis, l'usufruitier est tenu d'observer l'ordre et la quotité des coupes, conformément à l'aménagement ou à l'usage constant des propriétaires, sans indemnité toutefois en faveur de l'usufruitier ou de ses héritiers pour les coupes ordinaires, soit de taillis, soit de baliveaux, soit de futaie, qu'il n'aurait pas faites pendant sa jouissance. Les arbres qu'on peut tirer d'une pépinière sans la dégrader ne font partie de l'usufruit qu'à la charge par l'usufruitier de se conformer aux usages des lieux pour le remplacement.

ART. 593. Il peut prendre, dans les bois, des échalas pour les vignes ; il peut aussi prendre, sur les arbres, des produits annuels ou périodiques ; le tout suivant l'usage du pays ou la coutume des propriétaires.

ART. 644. Celui dont la propriété borde une eau courante autre que celle qui est déclarée dépendante du domaine public par l'article 538, au titre *de la distinction des biens*, peut s'en servir à son passage pour l'irrigation de ses propriétés. Celui dont cette eau traverse l'héritage peut même en user dans l'intervalle qu'elle y parcourt, mais à la charge de la rendre, à la sortie de ses fonds, à son cours ordinaire.

Art. 645. S'il s'élève une contestation entre les propriétaires auxquels ces eaux peuvent être utiles, les tribunaux, en prononçant, doivent concilier l'intérêt de l'agriculture avec le respect dû à la propriété ; et, dans tous les cas , les règlements particuliers et locaux sur le cours et l'usage des eaux doivent être observés.

Art. 663. Chacun peut contraindre son voisin , dans les villes et faubourgs, à contribuer aux constructions et réparations de la clôture faisant séparation de leurs maisons, cours et jardins assis ès-dites villes et faubourgs ; la hauteur de la clôture sera fixée suivant les règlements particuliers ou les usages constants et reconnus ; et à défaut d'usage et de règlements, tout mur de séparation entre voisins qui sera construit ou rétabli à l'avenir doit avoir au moins trente-deux décimètres (dix pieds) de hauteur, compris le chaperon, dans les villes de cinquante mille âmes et au dessus , et vingt-six décimètres (huit pieds) dans les autres.

Art. 671. Il n'est permis de planter des arbres de haute tige qu'à la distance prescrite par les règlements particuliers actuellement existants, ou par les usages constants et reconnus ; et , à défaut de règlements et usages , qu'à la distance de deux mètres de la ligne séparative des deux héritages pour les arbres à haute tige, et à la distance d'un demi-mètre pour les autres arbres et haies vives.

Art. 674. Celui qui fait creuser un puits ou une fosse d'aisance près d'un mur mitoyen, ou non ; celui qui veut y construire cheminée ou âtre, forge, four ou fourneau, y adosser une étable, ou établir contre ce mur un magasin de sel ou amas de matières corrosives, est obligé à laisser la distance prescrite par les règlements et usages particuliers sur ces objets, ou à faire les ouvrages prescrits par les mêmes règlements et usages pour éviter de nuire au voisin.

ART. 1736. Si le bail a été fait sans écrit, l'une des parties ne pourra donner congé à l'autre qu'en observant les délais fixés par l'usage des lieux.

ART. 1738. Si, à l'expiration des baux écrits, le preneur reste et est laissé en possession, il s'opère un nouveau bail dont l'effet est réglé par l'article relatif aux locations faites sans écrit.

ART. 1753. Le sous-locataire n'est tenu, envers le propriétaire, que jusqu'à concurrence du prix de sa sous-location dont il peut être débiteur au moment de la saisie, et sans qu'il puisse opposer des paiements faits par anticipation. Les paiements faits par le sous-locataire, soit en vertu d'une stipulation portée en son bail, soit en conséquence de l'usage des lieux, ne sont pas réputés faits par anticipation.

ART. 1758. Le bail d'un appartement meublé est censé fait à l'année quand il a été fait à tant par an; — au mois, quand il a été fait à tant par mois; — au jour, s'il a été fait à tant par jour. Si rien ne constate que le bail soit fait à tant par an, par mois ou par jour, la location est censée faite suivant l'usage des lieux.

ART. 1759. Si le locataire d'une maison ou d'un appartement continue sa jouissance après l'expiration du bail par écrit, sans opposition de la part du bailleur, il sera censé les occuper, aux mêmes conditions, pour le terme fixé par l'usage des lieux, et ne pourra plus en sortir ni en être expulsé qu'après un congé donné suivant le délai fixé par l'usage des lieux.

ART. 1754. Les réparations locatives ou de menu entretien dont le locataire est tenu, s'il n'y a pas clause contraire, sont celles désignées comme telles par l'usage des lieux, et entre autres les réparations à faire : — aux âtres, contre-cœurs, chambranles et tablettes de cheminées; — au recrépiment du bas des murailles des appartements et autres lieux d'habitation à la hauteur d'un mètre ; — aux pavés et carreaux des chambres lorsqu'il y en a seulement quelques-uns de cassés ; — aux vitrés, à moins qu'elles ne soient cassées par la grêle ou autres accidents extraordinaires ou de force majeure, dont le locataire ne peut être tenu ; — aux portes, croisées, planches de cloisons ou de fermeture de boutiques, gonds, targettes et serrures.

ART. 1755. Aucune des réparations réputées locatives n'est à la charge des locataires quand elles ne sont occasionnées que par vétusté ou force majeure.

ART. 1777. Le fermier sortant doit laisser à celui qui lui succède dans la culture les logements convenables et autres facilités pour les travaux de l'année suivante ; et réciproquement, le fermier entrant doit procurer à celui qui sort les logements convenables et autres facilités pour la consommation des fourrages et pour les récoltes restant à faire. Dans l'un et l'autre cas, on doit se conformer à l'usage des lieux.

Loi du 28 septembre - 6 octobre 1791.

TITRE Ier. SECTION IV.

ART. 2. La servitude réciproque de paroisse à paroisse, connue sous le nom de parcours et qui entraîne avec elle le droit de vaine pâture, continuera provisoirement d'avoir lieu avec les restrictions déterminées à la présente section, lorsque cette servitude sera fondée sur un titre ou sur une possession autorisée par les lois et les coutumes. A tous autres égards elle est abolie.

Art. 3. Le droit de vaine pâture dans une paroisse, accompagné ou non de la servitude du parcours, ne pourra exister que dans les lieux où il est fondé sur un titre particulier, ou autorisé par la loi ou par un usage local immémorial, et à la charge que la vaine pâture n'y sera exercée que conformément aux règles et usages locaux qui ne contrarieront point les réserves portées dans les articles suivants de la présente section.

TITRE 2.

Art. 21. Les glaneurs, les râteleurs et les grapilleurs, dans les lieux où les usages de glaner, de râteler ou de grapiller sont reçus, n'entreront dans les champs, prés et vignes récoltés et ouverts, qu'après l'enlèvement entier des fruits. En cas de contravention, les produits de glanage, du râtelage et du grapillage seront confisqués, et, suivant les circonstances, il pourra y avoir lieu à la détention de police municipale. Le glanage, le râtelage et le grapillage sont interdits dans tout enclos rural, tel qu'il est défini à l'article 6 de la quatrième section du premier titre du présent décret.

Loi du 14 floréal an XI. (1)

Art. 1er Il sera pourvu au curage des canaux et des rivières non navigables et à l'entretien des digues et ouvrages

---

(1) Le droit de règlementer cette matière a été transporté aux Préfets par le décret du 25 mars 1852 qui s'exprime ainsi :

« Art. 4. Les Préfets statueront également sans l'autorisation du » Ministre des travaux publics, mais sur l'avis ou la proposition des » ingénieurs en chef, et conformément aux règlements ou instruc- » tions ministérielles, sur tous les objets mentionnés dans le tableau » D ci-annexé. »

Le décret du 13 avril 1861 porte, article 8 :

« Les tableaux A, B, C, D, annexés au décret du 25 mars 1852, » sont modifiés conformément aux dispositions ci-dessus. »

Le tableau D, faisant suite à ce dernier décret, contient ce qui suit en ce qui concerne le curage et l'entretien des cours d'eau :

« 6°. Dispositions pour assurer le curage et le bon entretien des » cours d'eau non navigables ni flottables de la manière prescrite » par les anciens règlements ou d'après les usages locaux ; réunion, » s'il y a lieu, des propriétaires intéressés en associations syndicales. »

En exécution du décret du 25 mars 1852, M. le Préfet des Basses-

d'art qui y correspondent de la manière prescrite par les anciens règlements ou d'après les usages locaux.

Pyrénées a pris, le 15 octobre 1860, l'arrêté dont la teneur suit pour
faire défense d'exécuter, sans autorisation, des ouvrages quelconques
sur les cours d'eau :

NOUS, PRÉFET des Basses-Pyrénées, Officier de l'ordre impérial de la
Légion-d'Honneur, Commandeur des Ordres de Charles III d'Espagne et de
St Grégoire-lé-Grand, Officier de l'ordre de Léopold de Belgique, Officier
de l'Instruction publique,

Vu la loi du 22 décembre 1789 — 1er janvier 1790, qui confie à l'autorité administrative le soin de la conservation des rivières ;

Vu la loi du 12 — 20 août 1790 qui charge l'administration de rechercher
et d'indiquer les moyens de procurer le libre cours des eaux et d'empêcher
que les prairies ne soient submergées par la trop grande élévation des écluses
des moulins et par d'autres onvrages, et de diriger les eaux dans un but
d'utilité générale, d'après les principes de l'irrigation;

Vu le décret du 25 mars 1852 ;

Considérant que les propriétaires riverains des cours d'eau non navigables
ni flottables se permettent fréquemment d'y exécuter des ouvrages, sans
préalable autorisation,

ARRÊTONS :

Article 1. Il est fait défense aux riverains des cours d'eau non navigables
ni flottables et à toutes autres personnes de faire, sans en avoir obtenu
l'autorisation, des ouvrages quelconques sur ces cours d'eau.

Art. 2. Toute contravention au présent arrêté sera constatée par les maires,
les commissaires de police, les gardes champêtres, la gendarmerie, pour
être poursuivie devant les tribunaux compétents, sans préjudice de la des-
truction, aux frais des contrevenants, des ouvrages exécutés.

Art. 3. Le présent arrêté sera inséré au recueil des actes administratifs de
la Préfecture et adressé aux fonctionnaires et agents chargés d'en surveiller
l'exécution.

Fait à Pau, le 15 octobre 1860.

A. PRON.

En vertu du même décret et de celui du 13 avril 1861, M. le
Préfet a pris, le 28 février 1866, un arrêté général prescrivant
le curage des cours d'eau non navigables ni flottables. Cet arrêté est
ainsi conçu :

Nous, PRÉFET des Basses-Pyrénées, Commandeur de l'Ordre Impérial
de la Légion-d'Honneur, etc., etc.,

Vu les rapports et propositions de l'Ingénieur en chef du département,
chargé du service hydraulique ;

ART. 2. Lorsque l'application des règlements ou l'exécution consacrée par l'usage éprouvera des difficultés, ou lors-

---

Vu les arrêtés préfectoraux rendus par nos prédécesseurs ou par nous, et relatifs au curage de divers cours d'eau du département ;

Vu les lois des 20 août 1790, — 6 octobre 1791, — 14 floréal an XI, et les articles 457 et 471 du code pénal, ensemble le décret du 25 mars 1852 ;

Considérant que les lois précitées donnent à l'administration le droit et lui imposent le devoir de prendre les mesures nécessaires pour assurer le libre écoulement des eaux ;

Considérant que, sur l'ensemble des communes du département, plus de trois cinquièmes ont réclamé ou réclament depuis longtemps, par l'organe de leurs conseils municipaux, le curage des cours d'eau et ruisseaux non navigables ni flottables traversant leurs territoires ;

Que des vœux instants, tendant au même but, ont été émis à diverses reprises par les Conseils d'arrondissement et par le Conseil général, notamment dans leurs dernières sessions ; et qu'en effet les lits des ruisseaux du département sont, presque partout, dans le plus grand désordre et dans un état tel que l'écoulement des eaux et leur conservation ne sont nullement libres et assurés ;

Considérant qu'un grand nombre de propriétaires se plaignent du mauvais entretien des cours d'eau, des empiètements qui sont faits dans leurs lits par les riverains, de hausses qui sont établies par divers usiniers à l'effet de faire gonfler abusivement les eaux, et de la négligence que les dits usiniers apportent généralement dans la manœuvre de leurs pelles et vannes ;

Considérant que les arrêtés préfectoraux précités, basés sur l'existence des règlements anciens et des usages locaux, mettent à la charge des propriétaires riverains, chacun en droit soi, le curage des cours d'eau, leur entretien, ainsi que l'entretien des digues qui y correspondent ;

Et que le Conseil général du département, dans sa délibération du 25 août 1865, a donné la plus entière adhésion aux mesures qui seront prescrites dans le présent arrêté, et qui sont basées sur l'existence des mêmes règlements et usages ;

Considérant enfin que le curage et l'entretien des cours d'eau doivent nécessairement précéder toutes les opérations ayant pour objet le drainage, l'assainissement, l'égouttement ou le dessèchement des terres, et même la répartition et l'utilisation des eaux dans l'intérêt des irrigations,

ARRÊTONS :

Art. 1er. Tous les ruisseaux et cours d'eau non navigables ni flottables du département seront incessamment curés à vieux fonds et à vieux bords, de manière à les ramener à leur ancien état normal.

A cet effet, les propriétaires riverains des ruisseaux et cours d'eau seront tenus, chacun en droit soi et jusqu'à la moitié de la largeur du lit longeant sa propriété :

De supprimer radicalement et d'enlever les barrages de pêcheries et les files ou lignes de pieux, piquets et fascinages, qui ont pu être établis et

que des changements survenus exigeront des dispositions nouvelles, il y sera pourvu par le Gouvernement, dans un

---

et qui existent dans le lit ; — de retirer les matériaux disposés pour faciliter les passages à gué, — de relever les arbres tombés en travers du courant; — de couper et arracher les troncs , souches , racines , arbres , buissons , broussailles et branches , venus ou plantés tant dans l'intérieur du lit que sur les talus des berges , ou faisant saillie sur la surface de ces talus, et qui, en baignant dans les eaux, nuisent à leur écoulement, sans être indispensables pour la défense des rives; — d'élaguer, jusqu'au-dessus des plus hautes eaux, toutes les branches basses et pendantes des arbres existant le long des rives; — de faucher ou arracher les joncs et plantes aquatiques encombrant le lit et ses bords;—de restituer au lit tous les terrains abusivement occupés ou usurpés, en avant de la limite des berges; —d'enlever les dépôts de vases, galets, gravier, sable, et tous autres atterrissements nuisibles; — de rétablir dans leur cours ancien et naturel toutes les parties qui en ont été détournées;—de faire disparaître enfin tous les obstacles quels qu'ils soient qui s'opposent au libre écoulement des eaux.

Art. 2. Après que le lit d'un cours d'eau aura été ramené à son état ancien et normal, les riverains seront tenus dans les mêmes conditions que ci-dessus, et chaque année, d'enlever tous les dépôts qui se seraient formés, de relever tous les éboulements qui viendraient à se produire, de nettoyer le lit et les berges, d'élaguer les branches pendantes, de faucher les joncs, herbes et plantes aquatiques, et de réparer et tenir en bon état les digues latérales.

Art. 3. Les divers travaux mentionnés dans les deux articles qui précèdent seront exécutés sous la direction et la surveillance des ingénieurs et agents des ponts et chaussées, avec le concours des autorités municipales.

Art. 4. Le curage de chaque cours d'eau ou ruisseau sera l'objet d'une instruction particulière.

Pour éviter toute difficulté d'exécution, il sera procédé préalablement à une visite des lieux et à une reconnaissance des limites de l'ancien lit, et les travaux à faire seront tracés et indiqués sur le terrain par une piste et un piquetage , le tout en présence du Maire de la commune et des propriétaires riverains intéressés. Ceux-ci seront, à cet effet, convoqués à jour et heure fixes au moins cinq jours à l'avance, par les soins des ingénieurs et au moyen d'avis collectifs publiés et affichés dans la commune, en la forme ordinaire.

Procès-verbal des opérations ci-dessus prescrites sera dressé par l'ingénieur ou le conducteur délégué. Le Maire sera appelé à le signer, et les intéressés seront admis à y faire consigner leurs observations ou réclamations.

Art. 5. Sur les propositions des ingénieurs, et après que les conseils municipaux des communes traversées auront émis leur avis sur l'opportunité, l'utilité et la convenance des mesures projetées, il sera statué, s'il y a lieu, sur les réclamations des riverains intéressés, par un arrêté spécial qui fixera les dimensions anciennes du vieux fond et des vieux bords, à restituer au lit dans ses diverses parties, ainsi que l'époque et le délai d'exécution des travaux.

règlement d'administration publique, rendu sur la proposition du Préfet du département, de manière que la quotité de

Art. 6. Des avertissements particuliers et nominatifs, portant extrait de l'arrêté ci-dessus, seront notifiés à chacun des propriétaires riverains, à la diligence des ingénieurs et par les soins des Maires ; ils contiendront l'invitation à l'intéressé de placer, à partir du jour fixé, sur la partie du cours d'eau qui le concerne, les ouvriers nécessaires pour effectuer les travaux prescrits et à sa charge.

Les Maires constateront, dans un état collectif, le fait et la date de la remise des avertissements à chaque intéressé et adresseront à l'ingénieur de l'arrondissement cet état dûment signé et certifié.

A l'expiration du délai fixé pour l'exécution des travaux et qui courra à dater de la remise des avertissements nominatifs, il sera procédé, par les soins des ingénieurs, à la vérification des ouvrages, et il sera dressé un tableau spécial de ceux qui ne seront pas en état de réception avec indication des parcelles et des propriétaires qu'ils concernent.

Un nouvel arrêté prescrira, s'il y a lieu, l'exécution d'office des travaux restant à faire, aux frais des retardataires, sans autre formalité. Il sera publié et affiché dans la commune.

Les travaux à exécuter d'office seront, du reste, faits par des ateliers d'ouvriers en régie, organisés à la diligence des ingénieurs. Les dépenses faites seront avancées sur le crédit inscrit au budget départemental pour travaux d'intérêt public à la charge des particuliers, et le recouvrement en sera poursuivi, ainsi que celui des frais, contre les retardataires, au moyen de rôles rendus par nous exécutoires comme en matière de contributions directes.

Art. 7. Sur la réquisition qui leur en sera faite par le Maire de la commune, ou à son défaut, par les ingénieurs ou agents sous leurs ordres, les usiniers seront tenus de faire toutes les manœuvres de leurs vannes nécessaires pour faciliter et rendre possible l'exécution des travaux de curage.

Art. 8. Il est expressément défendu de faire aucune plantation dans le lit ou sur le talus des berges des cours d'eau, sans notre autorisation expresse.

Art. 9. Les dispositions qui précèdent sont applicables aux propriétaires des barrages pour usines ou pour prises d'eau d'irrigation, en ce qui concerne les parties des biefs de retenue dont les anciens règlements locaux ou les conventions particulières mettent le curage à leur charge.

Art. 10. Il leur est expressément interdit de placer des hausses sur leurs déversoirs ou sur leurs barrages, de manière à maintenir les eaux de leurs retenues au-dessus de leur niveau légal.

Art. 11. Aussitôt que les eaux surmonteront la crête du déversoir, les propriétaires des prises d'eau ou usiniers devront lever leurs vannes de manière à ramener les eaux à ce niveau légal. En temps de grande crue, toutes les vannes de fond et de décharge devront être complètement ouvertes ; le tout, sans préjudice des prescriptions imposées dans chaque cas particulier, par les actes ou règlements spéciaux à chaque prise d'eau ou usine.

Art. 12. Les contraventions aux dispositions des articles 2, 6, 10 et 11 contribution de chaque imposé soit toujours relative au degré d'intérêt qu'il aura aux travaux qui doivent s'effectuer.

---

seront constatées par des procès-verbaux qui seront déférés à la juridiction compétente.

Art. 13. Les dispositions du présent arrêté seront appliquées aux divers cours d'eau et ruisseaux dont le curage a été prescrit par des arrêtés spéciaux rendus antérieurement par nos prédécesseurs ou par nous, notamment dans les parties de ces cours d'eau où les travaux de curage ne sont pas encore commencés.

Elles seront également appliquées aux divers cours d'eau et ruisseaux dont le curage a été prescrit par des décrets antérieurs, mais seulement pour ce qui concerne les curages à vieux fond et vieux bords de ces cours d'eau, et pour le cas où l'administration devrait intervenir, afin d'assurer par elle-même l'exécution des travaux de ce genre ordonnés par les dits décrets.

Art. 14. M. l'Ingénieur en chef du service hydraulique du département et MM. les Sous-Préfets et Maires sont chargés, chacun en ce qui le concerne, de l'exécution du présent arrêté qui sera imprimé en placard, publié et affiché dans toutes les communes du département et inséré au Recueil des actes adminstratifs de la Préfecture.

Pau, le 28 février 1866.

Le Préfet des Basses-Pyrénées,
G. D'AURIBEAU.

L'arrêté ci-dessus transcrit règlemente aujourd'hui la matière et il devient dès lors inutile de se préoccuper des anciens règlements ou des usages locaux.

CONSTATATIONS DES COMMISSIONS CANTONALES.

ARRONDISSEMENT DE PAU.

Canton de Garlin.

Membres de la Commission :

MM. PARGADE, juge de paix, *président.*
QUINTAA-RAMOUNOU, maire de Portet.
DE SABATHIER, propriétaire à Tadousse.
LAMOTHE, membre de la chambre d'agriculture.
CÉZÉRAC, notaire à Garlin.

Art. 590. — Les bois taillis consistent ou en chênes blancs, ou en échalassières ou en têtards.

La coupe des chênes blancs a ordinairement lieu tous les 10 à 12 ans.

Celle des échalassières tous les 10 à 11 ans pour échalas ou merrains et tous les 5 ou 6 ans pour cercles.

Celle des têtards tous les 6 ans pour fagots et tous les 12 ans pour gros bois à brûler.

Il n'y a pas de pépinières dans le canton, ce qui fait qu'il ne se présente pas de cas où il y ait lieu de se conformer au § 2 de l'art. 590.

Art. 593. — Lorsqu'une personne a l'usufruit d'une propriété,

2

elle prend les échalas sur cette propriété sans altérer l'ordre des coupes qui, comme on l'a dit, ont lieu tous les 10 à 11 ans.

Les bois-taillis, échalassières et têtards, lorsqu'ils sont bien aménagés, doivent être nettoyés périodiquement, savoir :

Les bois-taillis, tous les 7 à 8 ans ;

Les échalassières et têtards, tous les 5 ans.

Le produit en appartient à l'usufruitier qui fait le travail.

Les glands, faînes et autres produits annuels appartiennent aussi à l'usufruitier.

Quant aux futaies, l'usage est conforme aux prescriptions de l'article 592 du code Napoléon.

Art. 644 et 645. — Il n'existe pas de règlements particuliers et locaux sur le cours et l'usage des eaux courantes, lesquels sont réglés par les dispositions du code Napoléon.

Art. 663. — La commission ne connaît pas, dans le canton, d'usage constant et reconnu pour les clôtures.

Cependant, on est dans l'usage, plus ou moins général, de donner aux clôtures qui séparent les maisons, cours et jardins, une hauteur d'environ 1 m. 60 c. si la clôture est en mur ;

Si elle est en haie vive, de 1 m. 30 c. ;

Et si elle est formée par un tertre, de 2 m. 10 c. avec un fossé d'un mètre de largeur ; ce fossé, qui est une dépendance et l'accessoire du tertre, a un franc-bord d'environ 23 centimètres.

La clôture en mur est peu commune.

Art. 671. — Il n'existe pas, dans le canton, d'usages constants et reconnus pour les plantations d'arbres à haute tige ; on se conforme exactement aux prescriptions de l'article 671 du Code Napoléon.

Art. 674. — La commission ne connaît pas de règlement ni d'usages particuliers en cette matière.

Il arrive, quelquefois, que les constructions indiquées par l'article 674 donnent lieu à des contestations qui sont portées en conciliation officieuse devant le juge de paix.

Ce magistrat supplée, dans ce cas, aux règlements et usages particuliers par une vérification des lieux faite par des hommes compétents, lesquels indiquent les travaux qui doivent être exécutés pour éviter de nuire au voisin.

Art. 1736. — Les baux à loyer ont ordinairement lieu dans le canton le mois de novembre ; les congés se donnent le mois de juillet, et, en tout cas, au moins trois mois à l'avance.

Les baux à colonage et métayage se font ordinairement, lorsqu'ils sont constatés par écrit, pour trois, six ou neuf ans.

Si à l'expiration du bail le preneur reste encore sur la propriété, sans de nouvelles conditions, le bail est censé fait pour trois ans, c'est-à-dire pendant la durée de la rotation des soles qui est triennale dans le canton.

Le congé se donne au moins trois mois à l'avance, comme dans le cas précédent.

Art. 1738. — Lorque le bail écrit est expiré et que le fermier continue à occuper les lieux, il s'opère un nouveau bail dont, à défaut de conventions contraires, les conditions sont les mêmes que celles constatées par écrit. Il n'y a de différence que pour la durée du bail qui, dans ce cas, ne continue que pour une année, quoique le bail primitif fût plus long.

Art. 1753. — Il n'y a pas d'usage absolu pour le paiement des baux à loyer.

Les baux verbaux et écrits stipulent ordinairement le paiement des termes par avance et par trimestre ou semestre.

Art. 1758. — Il n'existe pas d'usage dans le canton qui ne soit conforme aux dispositions de l'article 1758 du Code Napoléon.

Du reste, il y a rarement lieu de faire application de cet article, car on loue très-peu en garni.

Art. 1759. — Lorsqu'après un bail écrit, le locataire reste dans la maison ou les appartements loués, le bail est continué pour une année.

Dans ce cas, le bail est considéré comme fait sans écrit, et, dès lors, le congé doit être donné trois mois à l'avance, c'est-à-dire de la même manière que le bail verbal.

Art. 1754. — L'usage des lieux est, en matière de bail à loyer, que le preneur laisse les lieux dans l'état où il les a pris, état que l'on constate en entrant et en sortant.

Art. 1755. — Les parties n'ont d'autres règles, pour ce qui concerne la vétusté ou la force majeure, que celles tracées par l'article 1755.

Art. 1777. — Le fermier qui sort et celui qui entre se donnent et se procurent réciproquement les facilités indiquées par l'article 1777 ; jamais il n'y a eu de discussion entr'eux à cet égard.

L'usage des lieux est donc absolument conforme aux prescriptions du code sur ce point.

Loi du 28 septembre - 6 octobre 1791. — Il existe dans le canton, notamment à Garlin, de fortes étendues de landes communales ou particulières ouvertes, qui sont limitrophes avec d'autres landes appartenant à des communes voisines ou à des propriétaires habitant ces communes.

Le parcours est respectif entre les uns et les autres.

Néanmoins, on ne considère pas ce parcours comme un droit, mais bien comme un acte de faculté réciproque dont il est loisible aux propriétaires de s'exonérer et de s'affranchir.

Il n'y a donc, d'après nous, dans ce fait ni un droit de parcours ni un droit de vaine pâture.

L'usage de glaner, râteler et grappiller n'existe pas dans le canton. Ceux qui s'y livrent sont considérés comme des maraudeurs et punis comme tels.

Loi du 14 floréal an XI. — »

Canton de Lembeye.

Membres de la Commission :

MM. LAFORCADE, membre de la chambre d'agriculture.
COLINET, notaire à Lembeye.
MOULONGUET, propriétaire à Moncaup.

Art. 590. — L'usage des propriétaires est de couper les boistaillis tous les onze, douze, treize ou quatorze ans.

Les coupes des bois-taillis communaux soumis au régime forestier sont réglées et aménagées ; elles s'exploitent lorsque le bois est âgé de quatorze ans.

Art. 593. — L'usage du pays ou la coutume des propriétaires est de couper les échalas pour les vignes de onze à quatorze ans ; et les bois sur les têtards de dix à treize ans.

Art. 644. — Aucun usage local ne tend à infirmer les règlements consacrés par l'article ci-contre.

Art. 645. — La commission n'a pas compris qu'il existât dans ce département un règlement administratif sur le mode d'user de l'eau entre les propriétaires riverains et les propriétaires d'usines situées sur les cours d'eau ; l'usage, dès lors, s'exerce si diversement dans la contrée qu'il lui est impossible, pour ce cas, de le constater. Mais la commission établit que quand il s'agit de terrains à irriguer, il est d'usage local que les propriétaires riverains partagent les eaux dans la proportion des contenances de terre qu'ils doivent arroser.

Art. 663. — Cet article concerne les usages des grandes villes. La commission croit, dès lors, ne pas devoir s'en occuper.

Art. 671. — L'usage actuel du pays est le même que celui qui est prescrit par l'article 671. Avant la promulgation du code Napoléon, les propriétaires plantaient ici leurs haies et même leurs arbres à haute tige à la distance d'environ 25 centimètres de la ligne séparative du voisin. Beaucoup de ces vieilles haies et de ces arbres existent encore aujourd'hui.

Art. 674. — L'usage particulier dans le canton est de creuser des puits, de pratiquer des fosses d'aisance et de construire des cheminées sans obligation de distance entre voisins ; mais il est de règle que le propriétaire qui fait établir ces sortes de constructions est tenu de prévenir par des ouvrages nécessaires ou de supporter tout le préjudice qu'il peut occasionner au voisin.

Art. 1736. — L'usage des lieux est que lorsque le propriétaire d'une maison ou d'un logement quelconque n'a point passé de bail écrit avec son locataire, ce dernier ne peut être contraint à sortir que trois mois après le congé qu'il aura reçu.

Art. 1738. — Même coutume que celle qui s'applique au précédent article.

Art. 1753. — Quand les sous-locataires ne sont point des personnes solvables, le locataire exige de coutume d'eux le paiement par anticipation de trois mois, quand, du moins, ces derniers lui ont sous-loué à l'année.

Art 1758. — En général, les baux de l'espèce sont faits ici à l'année et rarement au mois.

Art. 1759. — Dans le cas de l'art. 1759, la coutume de la contrée est que si la location établie par écrit est faite à l'année, et qu'après l'expiration du bail le locataire continue à jouir, sans opposition du bailleur, il est censé continuer sa location à l'année ; et cependant, comme il a pu arriver que de nouvelles conventions de temps aient été faites entre parties, le propriétaire obtient toujours ici, dans ce cas, le renvoi de son locataire trois mois après le congé qu'il lui aura donné.

Art. 1754. — La coutume du pays est d'exiger que le locataire répare toutes les dégradations qui surviennent par sa faute ou par celle de ses gens.

Art. 1755. — Aucune coutume du pays ne fait exception au texte de l'article ci-contre.

Art. 1777. — La coutume de la contrée est que les fermiers entrent habituellement le 1er novembre, et qu'à cette époque de l'année les sortants ont toutes leurs récoltes faites ; ceux-ci n'ont donc plus alors aucune utilité à rester dans l'habitation du nouveau fermier ; donc il n'y a point lieu à s'occuper ici de la constatation d'usages existant dans d'autres contrées.

Loi du 28 septembre - 6 octobre 1791. — La commission explique qu'il était d'usage local immémorial que les communes fissent pacager, sans autorisation aucune, les bêtes à laine dans leurs bois communaux, haute futaie, âgés de cent ans ; que depuis quelque temps l'administration forestière conteste ce droit, établi par l'usage, en prescrivant à ses agents inférieurs d'y empêcher le parcours ; qu'il devient dès lors souverairement utile et juste que le droit usager des communes soit consacré : utile, pour éviter tout conflit fâcheux entre les usagers et l'administration forestière, et juste, parce que le parcours ne peut nullement nuire au développement des arbres.

Il existe encore un autre usage plus ou moins contesté par les autorités forestières, à savoir : celui exercé de temps immémorial par les habitants pauvres, d'enlever des communaux le bois mort de vétusté ou sec.

Loi du 14 floréal an XI. —   »

Canton de Lescar.

Renseignements généraux fournis par M. Laplace, juge de paix, président de la commission.

Il résulte du travail de la commission cantonale et des renseignements qu'elle a pu se procurer :

1° Que les baux à loyer partent du premier novembre et sont faits à l'année, et que le prix du loyer n'est payable qu'à l'expiration. Le congé doit être notifié par le ministère d'huissier trois mois avant la sortie, ou convenu par écrit fait double, un pour chaque partie. Ces règles sont communes aux baux des biens ruraux ;

2° Qu'il existe aussi un droit d'appui ou *cungeage* sur certains fossés qui séparent les héritages, et que les propriétaires qui usent de cet appui ou *cungeage* sont obligés de coopérer pour un tiers aux frais de curaison et d'entretien des fossés.

Voilà les usages locaux qu'on observe dans le canton de Lescar.

Canton de Montaner.

Membres de la Commission :

MM. D'AUGEROT, juge de paix, *président.*
CONTE, membre de la chambre d'agriéulture.
GRATIAN, notaire.
CAUBIN, huissier.

Art. 590. — L'exploitation a lieu à dix ans; quant aux pépinières, si l'on distrait, c'est pour planter.

Art. 593. — L'exploitation se fait dans dix ans.

Art. 644. — Conformément à la loi.

Art. 645. — Idem

Art. 663. — Idem.

Art. 671. — L'usage est de suivre l'article de la loi.

Art. 674. — Il n'y a pas d'usage connu.

Art. 1736. — Le délai de trois mois.

Art. 1738. — Idem.

Art. 1753. — Le paiement s'effectue trois ou six mois à l'avance.

Art. 1758. — L'usage des lieux est pour un an.

Art. 1759. — Si c'est au mois, un mois d'avance; si c'est à l'année, trois mois à l'avance.

Art. 1754. — Point d'usage, si ce n'est que le locataire doit remettre les vitres cassées.

Art. 1755 — Pas d'usage.

Art. 1777. — Il n'existe pas de ferme dans le canton.

Loi du 26 septembre - 6 octobre 1794. — Le parcours a lieu aussitôt que la moisson est faite sur les terrains qui ne sont pas fermés.

Pour glaner, l'usage est quand la moisson est faite ; pour rateler, idem ; pour grapiller, idem.

Loi du 14 floréal an XI. — Pas d'usage.

———

Canton de Morlàas.

Membres de la Commission :

MM. CARDE, juge de paix , *président.*
LAMOLÈRE , membre du conseil général.
BERGERET , membre du conseil d'arrondissement.
DE SALINIS , propriétaire.

Art. 590, 593. — Il n'y a, dans le canton, que deux espèces d'arbres qui s'exploitent en taillis : le chêne, comme bois à brûler, et le châtaignier, dont on se sert pour échalasser les vignes.

Les taillis sont mis en coupe par la généralité des propriétaires, savoir :

Celui de chêne , tous les cinq ans, lorsqu'on en convertit les essences en fagots, et tous les dix ans, lorsqu'on en tire du rondin.

Celui de châtaignier, également tous les dix ans.

Néanmoins, on ne suit pas, à cet égard, une règle fixe passée à l'état d'usage proprement dit.

Art. 644, 645. — Les dispositions de la loi sont seules observées.

Art. 647. — Antérieurement à la promulgation du code, on observait, dans toute l'étendue du territoire dont se compose actuellement le canton de Morlàas, comme dans le Béarn entier , un usage commun à la plupart des provinces de France. L'antiquité de son origine est attestée par une disposition identique de la loi

de Solon, insérée dans la loi 13,ff. finium regundorum , et repro-
duite de nos jours dans le projet du code rural , art. 49.

Basé sur le respect dû à la propriété d'autrui, il défendait de
creuser un fossé le long du fonds du voisin, si ce n'est à la double
condition : 1° de laisser une distance intermédiaire ; de trancher
le sol en talus, du côté du champ limitrophe, de manière à ce que
le fond du fossé eût, au plus, une largeur égale aux deux tiers
de son ouverture à fleur de terre.

A Morlàas et aux environs, l'intervalle réservé, que l'on nommait
ailleurs *marge*, *réparation*, *berge* ou *répare*, et ici , en langue béar-
naise, *bite de la borne*, n'était point égal à la profondeur du fossé,
comme le voulait la loi romaine qui, dans le silence du For, ré-
gissait pourtant ou aurait dû régir cette matière ; il variait entre
un empan et un empan et demi (deux cent trente-trois millimètres
et demi ou trois cent cinquante millimètres vingt-cinq cent-millè-
mes). (A)

Cet usage si important à maintenir est encore pratiqué par certains
propriétaires qui comprennent l'impossibilité réelle, soit de placer
des bornes sur une ligne divisoire coïncidant, dans tout son trajet,
avec le bord extérieur d'un fossé, soit de prévenir autrement des

---

(A) Dans l'ancien système des mesures linéaires et superficiaires du
Béarn, *l'empan* était l'unité fondamentale.

Son équivalent en mesures décimales est *deux cent trente-trois millimètres et demi*, et non pas *deux cent trente-deux millimètres et demi*
seulement, comme on l'a mal à propos admis dans les transactions com-
merciales, depuis l'établissement du nouveau système. En effet : si l'on
compte 0 m. 233 mill. 5 dix-millièmes pour un empan , l'arpent local de
144 escats représentera 37 ares 99 centiares 9 milliares, et les fractions suivantes : 82936 , contenance qui approche le plus de celle de
38 *ares*, que l'on attribue dans la pratique à l'arpent, quoiqu'il n'y ait
pas concordance exacte entre cette surface et celle de 144 escats. Au
contraire, si l'on réduit le rapport de l'empan au mètre à 0 m. 232 mill.
5 dix-millièmes, l'arpent de 144 escats ne correspondra plus qu'à 37 ares
77 centiares 5 milliares, outre les fractions suivantes : 044 ; ce qui con-
duirait à de notables erreurs de calcul, si l'on opérait sur une vaste
étendue. Soit , sur 1,000 arpens , un déficit de 2 hectares 24 ares 95
centiares 6 milliares.

éboulements successifs dont le résultat forcé serait une usurpation de terrain, circonstance qui ne manque jamais de se produire lorsqu'on coupe le sol à pic ou à peu près, en joignant immédiatement la ligne séparative des deux héritages.

Les dimensions normales sont aujourd'hui ce qu'elles étaient autrefois, relativement aux fossés de clôture, savoir :

Largeur de l'ouverture : 4 empans 1/2 (1 m. 05 c.) entre les propriétés privées ; 5 empans (1 m. 167 mill. 1/2) entre une propriété privée et un chemin public ou un terrain communal.

Largeur du fond : 3 empans ou 0 m. 700 mill. 1/2 dans le premier cas ; 3 empans 2 pouces 8 lignes , ou 0 m. 778 mill. 4 dix-millièmes dans le second. Profondeur : 4 empans ou 0 m. 934 mill.

C'est ici le lieu de parler d'un grave inconvénient qui se rattache à la construction de tout fossé de clôture, et auquel la législation actuelle n'offre point de remède. L'exemple suivant le fera sentir.

Trois personnes possèdent, par indivis, une pièce de terre munie de tertres et de fossés à son périmètre, et située entre deux chemins parallèles. On suppose deux chemins, au lieu de deux propriétés particulières , pour rendre l'espèce plus facile à expliquer et à saisir.

Un partage intervient. Trois lots sont formés ; celui qui est pris dans la portion centrale de la pièce se limite par deux lignes divisoires tirées perpendiculairement de l'un à l'autre chemin.

Le propriétaire de ce lot, voulant se clore, trace sur chacune des deux lignes un fossé dont l'ouverture joint, par ses extrémités, les fossés qui bordent les chemins, et de cette rencontre naît, à chacun des quatre angles du terrain nouvellement clos, un passage, large de plus d'un mètre, fournissant aux bestiaux un libre accès vers les récoltes pendantes sur les lots contigus.

Pour quiconque se trouve dans une position semblable à celle des propriétaires de ces derniers lots, il existe deux moyens de s'en affranchir.

Le premier consiste à construire un contre-fossé à rejet, parallèlement à celui du voisin; mais c'est là une opération doublement onéreuse, par le coût de la main d'œuvre et par le sacrifice du terrain nécessaire, soit au creusement du contre-fossé, soit à l'assiette de son rejet.

Le second moyen, plus simple, plus économique, et d'un usage à peu près universel, quand il est loisible d'y recourir sans opposition de la part des tiers, est l'établissement d'un barrage fixe au bout du fossé par lequel les bestiaux peuvent s'introduire, barrage désigné sous la dénomination vulgaire de *Cunge* et composé de quatre ou cinq pieux verticalement enfoncés dans le sol et retenus, par le haut, à l'aide d'une traverse mortaisée.

Cette traverse doit reposer d'un côté sur le tertre de la clôture récemment érigée ; mais, pour cela, il faut le consentement du propriétaire du tertre. Et comme on voit maintes fois régner entre voisins des sentiments de malveillance, au lieu des bons rapports qui devraient les unir, il n'est pas rare que la faculté d'appuyer le barrage, même réclamée à prix d'argent, soit refusée par l'un à l'autre, sans motif, sans prétexte, malgré l'absence de tout préjudice pouvant résulter de cette simple concession.

Dans ces circonstances, la propriété déclose reste soumise à la dévastation, si le maître n'a pas des ressources suffisantes pour user du premier des moyens préservatifs ci-dessus indiqués : la construction d'un contre-fossé.

Il est superflu de détailler les suites fâcheuses d'un tel état de choses, source inépuisable de querelles, de litiges entre le propriétaire du champ ravagé, les possesseurs des animaux qui y commettent journellement des dégâts, et le voisin désobligeant qui a refusé le droit d'appui ; litiges, querelles qui dégénèrent, dans les campagnes, en une véritable guerre de foyer à foyer, alimentée par d'incessantes représailles.

On peut aisément obvier à l'inconvénient mentionné par une mesure d'ordre public dont l'idée découle d'une analogie tirée de la loi du 11 juillet 1847 sur les irrigations.

A la vérité, il s'agit ici, comme dans le cas prévu par ce texte, de la création d'une servitude légale, et l'on sait combien il faut en cela se montrer sobre d'innovations. Mais pourquoi hésiter, quand on aperçoit la possibilité de réaliser un avantage infiniment appréciable, sans aggraver la condition de personne ?

La commission sait bien qu'une pareille question traitée par elle, même accessoirement, est tout-à-fait en dehors des attributions qui lui sont conférées ; cependant, elle ne craint pas d'avoir encouru un reproche en se livrant à cette digression, dont l'unique but est de signaler une réforme utile ; et s'il lui est permis d'émettre un vœu, c'est qu'une disposition législative, rendant obligatoires la berge et le talus, pour tout fossé qui sera construit à l'avenir, autorise désormais tout propriétaire dont le champ sera déclos en un point quelconque, par l'effet du creusement d'un fossé pratiqué sur le fonds de son voisin, à placer, à ses frais et moyennant une indemnité, un barrage en travers de ce fossé, à l'endroit nécessaire, en appuyant ses ouvrages sur ce même fonds.

Art. 663. — A défaut d'usage, on se conforme à la loi.

Art. 671. — Autrefois, on pouvait planter des arbres à haute tige à 5 pieds de la ligne séparative des deux héritages.

Pour les arbres à basse tige et les haies vives, la distance était de 2 empans 1/2 (0 m. 583 mill. 75 cent-millièmes).

Aujourd'hui, on se réfère à la loi, d'une manière moins absolue pourtant en ce qui touche les haies vives.

Art. 674. — Les distances à observer, le mode de construction à employer, ce concernant, ne sont déterminés ni par des règlements particuliers ni par des usages.

Art. 681. — Le mur d'une maison ou de tout autre bâtiment couvert d'une toiture doit être construit, d'après l'usage, à 2 empans (0 m. 467 mill.) de la ligne séparative des deux propriétés.

Art. 682. — Soit qu'il s'agisse ou non de fonds enclavés, l'usage assigne à tout passage servant à l'exploitation d'un fonds rural une largeur invariable de 14 empans (3 m. 269 mill.)

Art. 1730, 1738, 1753, 1758, 1759. — L'usage veut que le congé soit signifié trois mois avant la fin de l'année pour les locations annuelles, et quinze jours à l'avance pour les locations au mois.

Une maison, un appartement non garnis sont réputés loués pour un an, dans le cas de bail non écrit ou de tacite reconduction.

Le paiement des loyers a ordinairement lieu d'avance et par trimestre. Il s'effectue aussi par semestre, mais moins fréquemment. A la campagne, on paie quelquefois par mois.

Les locations en garni étant extrêmement rares, rien de ce qui les regarde n'est régi par un usage spécial.

Art. 1754, 1755. — L'usage est conforme à la loi.

Art. 1774, 1776, 1777. — On n'afferme guère les héritages ruraux à prix d'argent; il n'y a, en général, que des baux à colonage.

La durée de ces baux est de trois années, quant aux biens qui comprennent des terres de diverses natures, entre autres des labourables traités selon la méthode de l'assolement ou de la jachère.

L'entrée du colon partiaire ou métayer s'effectue au 1er novembre.

Son prédécesseur doit, avant de sortir, préparer et ensemencer les terres à blé, s'il les avait reçues en cet état lors de son entrée en jouissance. Dans le cas contraire, il est tenu de donner au nouveau colon les facilités nécessaires pour l'ensemencement, quand la saison exige que celui-ci commence les travaux avant d'occuper les lieux.

Durant le cours du bail, certaines fournitures, certains travaux se font à frais communs entre le propriétaire et le métayer. Ainsi :

La semence du maïs et celle du lin sont toujours fournies, moitié par le premier, moitié par le second.

Le propriétaire fournit seul la semence du froment, du méteil, du seigle, de l'orge, de l'avoine, lorsqu'on ne cultive que les soles accoutumées ; mais si l'on étend accidentellement la culture de l'un de ces grains, le colon contribue, pour une moitié, à l'achat de l'excédant de semence nécessaire.

S'il manque du fourrage pour la nourriture du cheptel, le déficit se comble à frais communs.

Le salaire des ouvriers est payé, moitié par le propriétaire, moitié par le colon quand il s'agit d'émotter, sarcler et scier le froment et les autres grains à tuyau, ainsi que de butter le maïs et de brayer le lin. Cette règle souffre exception.

Pour effeuiller et cueillir le maïs, le propriétaire joint, à ses frais, un ou deux ouvriers à ceux que le colon emploie.

Il en est de même pour les travaux de terrage et de marnage dont il va être parlé ci-après.

La réparation des instruments aratoires, l'achat du fer nécessaire à leur entretien et le salaire du forgeron, que l'on paie le plus souvent en grain et par abonnement, sont des charges communes au bailleur et au preneur. Celui-ci nourrit le charron , celui-là le paie.

Le bailleur paie également et le preneur nourrit les charpentiers, maçons, couvreurs et autres ouvriers qui exécutent les travaux ordinaires de réparation et d'entretien des bâtiments de la ferme.

Il est de règle que le colon transporte annuellement dans les champs qui ont besoin d'être amendés un certain nombre de tombereaux de terre et même de marne, quand il y a des carrières peu éloignées. Seulement, le propriétaire met à sa disposition un ou deux ouvriers chargeurs, comme il a été dit plus haut. La capacité du tombereau doit être de trois hectolitres.

Après le battage du froment, du seigle, du méteil, de l'orge ou de l'avoine, la répartition du grain s'opère comme il suit :

1° Les batteurs perçoivent le onzième de la masse, à titre de rétribution.

2° On distrait et l'on met en réserve les semences de l'année.

3° Ces deux déductions faites, le propriétaire prélève, sur ce qui reste, un dixième, considéré comme compensation de l'impôt et des autres charges qui lui incombent.

4° Le résidu se partage par moitié entre le colon et lui.

Le dixième du maïs et du lin échoit, hors part, au bailleur, comme celui des grains à tuyau.

Le preneur transporte gratuitement chez le bailleur la part revenant à celui-ci dans les produits quelconques du domaine affermé.

A la fin du bail, le colon sortant doit laisser une quantité de fourrage égale à celle qui lui avait été remise au commencement.

Le matériel garnissant la ferme (c'est-à-dire les charrettes, les instruments aratoires, etc.) qui lui avait été confié lors de son entrée en jouissance, par le propriétaire, doit être rendu dans des conditions de solidité pareilles à celles qu'il présentait au jour où il fut délivré par ce dernier. Le colon fait compte, au poids et en argent, du fer adapté aux différents objets dont ce matériel se compose.

Loi du 28 septembre - 6 octobre 1791. — Il n'existe à ce sujet ni règlements ni usages locaux.

Loi du 14 floréal an XI. — Il n'y a ni règlements ni usages reconnus en cette matière.

Canton de Nay (est).

Membres de la Commission :

MM. POEY, juge de paix, *président.*
DUFAUR, maire de Clarac.
LAPLACE, notaire.
FLUCHAIRE, propriétaire à Mirepeix.

Renseignements généraux fournis par la commission.

Il n'existe pas dans le canton de Clarac (1) d'usages constants et généraux relatifs à l'usufruit des bois, aux eaux courantes, aux constructions susceptibles, par leur nature, de nuire aux voisins, aux réparations locatives et de menu entretien, aux obligations des fermiers entrants et sortants, aux curages des canaux et rivières non navigables.

Il n'y a pas de ville dans le canton ; partant, pas d'usage qui détermine la hauteur des clôtures.

La distance déterminée par l'article 671 du code Napoléon pour les plantations des arbres entre les héritages a été consacrée par l'usage.

Les locations se font le plus ordinairement à l'année. Le délai à observer pour les congés est de trois mois.

Le glanage a toujours été conservé dans les habitudes de la population.

Il n'existe pas de terrain soumis au parcours.

L'usage de la vaine pâture a entièrement disparu.

---

(1) Appelé depuis *Nay (est)*.

Canton de Nay (ouest).

Membres de la Commission :

MM. GLÈRE-MONREGARD , juge de paix, *président.*
CH. CASSAIGNE , conseiller général.
Brd LOMBRÉ, manufacturier.
DUCLOS , notaire.
MIRAMON , maire d'Arros.

Art 590. — L'usage constant des propriétaires, relativement à l'ordre des coupes de bois taillis, est de ne procéder à ces coupes que tous les 9 ans. Quant à la quotité, l'usage n'a pu la régler dans un pays où les propriétés de cette nature sont de si peu d'étendue.

A l'égard du remplacement des arbres qu'un usufruitier peut tirer d'une pépinière sans la dégrader, comme il n'y a point de pépinière dans le canton, il ne saurait y avoir d'usage.

Art. 591. — Aucun propriétaire n'est dans l'usage de mettre en coupes réglées les bois de haute futaie.

Art. 593. — Il n'est dans le pays aucun usage auquel l'usufruitier doive se conformer au sujet des échalas qu'on peut prendre dans les bois pour les vignes, et des fruits annuels ou périodiques que les arbres peuvent produire.

Art. 644. — Cet article, énoncé dans les instructions de M. le Ministre de l'intérieur, ne renvoie, pour aucune décision , aux usages locaux.

Art. 645. — Il n'y a pas de règlement sur le cours et l'usage des eaux qui peuvent être utiles aux propriétaires riverains.

Art. 663. A Nay, seule ville du canton, l'usage, comme la loi, fixe à 2 mètres 60 centimètres la hauteur des murs de séparation entre voisins.

Art. 671. — Autrefois, la distance qu'on devait observer pour les plantations d'arbres de haute tige était de 9 empans ou 2 mètres

3

12 centimètres. Un peu moins exigeante que l'usage, la loi ne tarda pas à le remplacer.

Art. 674. — Au voisin qui veut :

1o Creuser un puits ou une fosse d'aisance contre un mur mitoyen ou non, y établir un magasin de sel ou amas de matières corrosives, l'usage prescrit la construction d'un contre-mur de 60 centimètres d'épaisseur ;

2o Y construire cheminée ou âtre, forge, four ou fourneau, l'usage prescrit un mur de 33 centimètres d'épaisseur, avec un intervalle de 17 centimètres ;

3o Y adosser une étable, l'usage commande la construction d'un contre-mur haut de 70 centimètres sur 33 centimètres d'épaisseur.

Art. 1736. — Dans le cas du bail d'une maison fait sans écrit, l'usage des lieux fixe le délai pour les congés à 3 mois avant son expiration.

Art. 1738. — S'il y a eu tacite reconduction, l'usage exige le même délai.

Art. 1753, n° 2. — Il n'y a point d'usage local en conséquence duquel les paiements faits au locataire par le sous-locataire ne soient pas censés faits par anticipation.

Art. 1757. — D'après l'usage, c'est d'une année que doit être la durée du bail verbal des meubles fournis pour garnir les locaux énumérés dans cet article, s'ils ont eux-mêmes été loués sans écrit.

Art. 1758. — Si rien ne constate que le bail d'un appartement meublé soit fait à tant par an, par mois ou par jour, l'usage veut qu'il soit censé fait pour une année.

Art. 1759. — Si le locataire d'une maison ou d'un appartement continue sa jouissance après l'expiration du bail écrit, sans opposition de la part du bailleur, il est censé, d'après l'usage, les occuper aux mêmes conditions pour une année.

Art. 1762. — Au bailleur qui s'est réservé le droit de venir occuper la maison, l'usage prescrit, pour la signification du congé, un délai de 3 mois avant l'expiration de l'année courante.

Art. 1754. — L'usage du pays n'indique pas d'autres réparations locatives que celles qui sont énumérées dans cet article.

Art. 1777. — Cet article fut fait en vue d'un mode d'exploitation inconnu dans le pays; il n'y a donc jamais eu d'usage auquel ses dispositions puissent se référer.

Loi du 28 septembre - 6 octobre 1791. — L'usage du pays n'a jamais réglementé le glanage, le parcours, la vaine pâture.

Loi du 14 floréal an XI. — Il n'y a dans le pays ni règlement ni usage sur le curage des canaux et rivières non navigables, ni sur l'entretien des ouvrages d'art qui s'y rapportent.

Canton de Pau (est).

Membres de la Commission :

MM. TERRIER , juge de paix, *président.*
PEYROUNAT , notaire.
DARAN , avoué-licencié.
HATOULET , bibliothécaire.
BOUTILHE , médecin.

Art. 590. — Le code Napoléon sert de règle.

Art. 593. — Il n'y a pas d'usage local. Le code sert de règle.

Art. 644, 645. — Il n'y a pas d'usage local. Le code est seul observé.

Art. 663. — Ce sont encore les règles du code que l'on observe. Il n'y a pas de règlement particulier.

Art. 668. — Il est d'usage de donner à la gueule du fossé un mètre de largeur.

Art. 671. — La distance prescrite par le code est la seule observée par les tribunaux.

Art. 674. — Il n'existe pas d'usage particulier sur cette matière.

Art. 1736. — Il suffit de donner congé trois mois avant la fin de l'année, quelle que soit la profession du locataire.

Ainsi reconnu par un acte de notoriété rédigé par le juge de paix du canton le 20 juillet 1833, en exécution d'un arrêt de la cour d'appel de Pau du 4 du même mois.

A l'égard des locataires au mois, il est d'usage de donner congé quinze jours à l'avance.

Le prix du loyer se paie d'avance, le plus souvent par trimestre, pour les locations ordinaires, par semestre pour les locations importantes, et souvent au mois pour les petits loyers.

Art. 1738. — Voir ci-après pour l'article 1759.

Art. 1753. — On observe le code.

Art. 1758. — On observe le code, et si rien ne constate que le bail est fait à tant par an, par mois ou par jour, il est censé fait à l'année.

Art. 1759. — Dans ce cas, le bail à loyer est censé renouvelé pour un an, et quant aux baux à ferme, on suit l'art. 1774. Le congé doit être donné trois mois avant la fin de l'année ou de la dernière année.

Art. 1754. — On suit les dispositions du code.

Art. 1777. — Il n'y a pas de règlement local. A l'égard du colon partiaire, celui-ci est obligé de laisser à sa sortie toutes les pailles et tous les fumiers, et le mot paille comprend toute sorte de fourrages, même la dépouille du maïs.

Loi du 28 septembre – 6 octobre 1791. — Autrefois, et sous la coutume, il avait été fait un règlement qui se trouve sous la rub. 30 du recueil des règlements de Béarn, titre des *herbages* et *padoences*.

La commission ne connaît pas dans le pays de parcours et vaine pâture que la loi de 1791 avait abolis.

Loi du 14 floréal an XI. — Pas de règlements ni d'usages locaux.

Canton de Pau (ouest).

Membres de la Commission :

MM. RIVARÉS, juge de paix , *président.*
SEMPÉ, notaire.
LANGLÉS , avoué.
E. VIGNANCOUR , imprimeur.

Art. 590, 593. — Il n'existe pas d'usage constant relatif à l'aménagement des bois de chêne. Les taillis de châtaigniers destinés à fournir des échalas aux vignes ne sont soumis non plus à aucune règle fixe. La plupart des propriétaires les exploitent à dix ans.

Art. 644, 645. — L'usage est conforme aux prescriptions de ces articles.

Art. 663. — Il n'existe point d'usage qui détermine la hauteur des clôtures. On adopte les règles tracées par le code.

Art. 671. — Les prescriptions du code sont partout exécutées.

Art. 674. — Il n'existe ni règlements particuliers ni usages constants.

Art. 1736, 1738, 1753, 1758, 1759. — Le congé doit être signifié trois mois avant la fin de l'année. Le bail sans écrit est censé fait pour une année, s'il s'agit d'un appartement non garni, et par mois s'il s'agit d'un appartement meublé; autre que ceux qui se trouvent chez les aubergistes ou les maîtres d'hôtel. On n'est point obligé, pour les logements garnis, de donner congé.

Les loyers se paient d'avance ; quelquefois par semestre, plus souvent par trimestre, rarement par mois. C'est surtout le paiement trimestriel qui est adopté pour les locations de peu d'importance.

Quand il y a tacite reconduction, elle s'opère pour une année.

Art. 1754, 1755. — L'usage ne met au nombre des réparations locatives que celles mentionnées dans ces articles.

Art. 1777. — Les baux à ferme sont très-rares. Il n'existe, à leur sujet , ni règlements ni usages. Le métayer ou colon partiaire sortant donne à son successeur toutes les facilités nécessaires pour préparer et ensemencer les terres. Il doit laisser la même quantité de fourrage qu'il avait reçue en entrant.

Loi du 28 septembre - 6 octobre 1791. — Il n'existe ni usages ni règlements concernant le glanage, le parcours et la vaine pâture.

Loi du 14 floréal an XI. — Le curage des canaux et des rivières non navigables et l'entretien des ouvrages d'art qui y correspondent ne sont soumis à aucun règlement ni usage.

———

Canton de Pontacq.

Membres de la Commission :

MM. LABORDE , juge de paix , *président.*
JULIEN , conseiller général.
CLOUCHET , propriétaire.
PEYRUS , notaire.
DAVANTÉS , propriétaire.

Art. 590, 593. — Il n'existait pas d'usage local. Les principes généraux du droit en matière d'usufruit servaient à régler les difficultés qui pouvaient s'élever à cet égard entre les intéressés.

Art. 644, 645. — Pas d'usage local. La jurisprudence avait consacré en Béarn, dans l'intérêt des irrigations, sur le fondement des lois romaines, les principes reproduits par les art. 644 et 645, avec cette restriction cependant que, s'il existait des moulins baniers seigneuriaux, mis en jeu par des eaux courantes, les riverains irrigateurs devaient laisser de l'eau en suffisante quantité pour le jeu de ces usines. Arrêts du 9 juin 1657 et du 13 décembre 1706.

Art. 668. — Il n'existait pas d'usage local sur la hauteur des clôtures entre héritages urbains.

Art. 671. — Il n'existait pas d'usage ni de règlement particulier.

La coutume de Béarn, par son art. 4, rub. de prescription, avait disposé d'une manière générale qu'en prescription de servitudes le droit commun serait observé.

C'était le droit romain, selon lequel (loi 13 ff. finium regundorum liv. 10, tit. 1.) tous arbres à haute tige devaient être plantés à la distance de 5 pieds du fonds voisin, à l'exception de l'olivier et du figuier pour lesquels la distance était fixée à 9 pieds.

En conformité de ces dispositions, la jurisprudence du parlement de Pau avait consacré par de nombreux arrêts :

Que les arbres à haute tige devaient être plantés à 5 pieds des confins de l'héritage voisin ;

Que, sur la demande du voisin, les arbres plantés ou venus à moindre distance devaient être arrachés, à moins que par leur croissance trentenaire le propriétaire n'eût prescrit le droit de les conserver ;

Qu'enfin le voisin avait toujours le droit de couper les racines qui avançaient dans sa propriété et d'exiger du propriétaire des arbres que les branches fussent élaguées et coupées par le bas jusqu'à la hauteur de 15 pieds à compter du sol du fonds appartenant au voisin.

Arrêts du 22 septembre 1707, 20 mars 1713, 9 juillet 1764 (arrêt de règlement), 4 juillet 1779 et 28 septembre 1780.

Art. 674. — Point d'usage ni de règlement local.

La coutume de Paris, qui avait réglé ces distances, n'était pas suivie en Béarn.

Au cas de difficultés entre voisins, les ouvrages à faire ou les distances à laisser étaient réglés en justice par rapports d'experts et en conformité des lois romaines qui étaient le droit commun du Béarn pour les cas non prévus par la coutume.

Art. 1736 et suivants. — Le délai pour les congés était de trois mois.

Il n'y avait pas d'usage local relativement au paiement des sous-locations.

Art. 1754, 1755. — Point d'usage particulier sur ce point.

Le preneur. devait rendre les lieux en l'état où il les avait reçus. Si cet état n'avait pas été constaté à l'entrée, les lieux étaient présumés avoir été reçus en bon état.

Art. 1777. — L'usage accordait les facilités rappelées en cet article et il y avait d'autant moins de difficulté à cela que l'entrée et la sortie des fermiers, métayers et colons partiaires des biens ruraux avaient et ont encore lieu généralement dans le pays au 1er novembre, époque où toutes les récoltes de l'année sont faites à peu près, et où commencent les travaux d'ensemencement pour l'année suivante.

Loi du 28 septembre - 6 octobre 1791. — Le glanage n'était autorisé ni par la coutume ni par l'usage ; il n'avait dès lors pas été non plus besoin de règlement pour déterminer le temps ou le mode de son exercice à la levée des récoltes.

La coutume de Béarn, art. 10, rub. *de boscadges*, et art. 5, rub. *de herbadges*, et les règlements des Etats de Béarn, art. 1er, rub. *de herbadges et padoences*, avaient autorisé le parcours et la vaine pâture jusqu'au troisième clocher sur les terres non cultes en tout temps, et sur les terres cultes à fruits cueillis.

Mais depuis, sur la demande des mêmes Etats, ces facultés coutumières furent abolies en Béarn.

Par les édits du mois de décembre 1767 et du mois de février 1770, confirmés et expliqués par une déclaration postérieure du Roi du 25 mai 1783, il fut statué que les troupeaux de chaque communauté ne pourraient plus à l'avenir être conduits sur le territoire des communes voisines adjacentes sous prétexte de droit réciproque de parcours, lequel fut déclaré aboli.

Et quant aux terres particulières, tous propriétaires, cultivateurs et fermiers furent autorisés à clore les terres, prés, champs et généralement tous héritages, de quelque nature qu'ils fussent, leur appartenant ou qu'ils cultivaient en telle quantité qu'ils jugeraient à propos, par des fossés, haies vives ou sèches, ou de toute autre manière, et il fut statué que les terrains ainsi clos ne seraient plus à l'avenir et tant qu'ils resteraient en cet état de clôture, assujettis au parcours, ni ouverts à la pâture d'autres animaux que ceux des propriétaires, fermiers ou autres exploitants, nonobstant tous usages, coutumes et règlements auxquels il fut expressément dérogé.

La loi du 28 septembre 1791 a maintenu ces dispositions et le droit pour tout propriétaire de se clore afin de s'affranchir du parcours et de la vaine pâture sur ses propriétés.

Loi du 14 floréal an XI — Il n'existait aucun usage ni règlement local sur cette matière.

Avant 1789, les ruisseaux appartenaient : aux seigneurs hauts justiciers, dans l'étendue de leur juridiction, au Roi dans les autres lieux.

La police des ruisseaux appartenait dans ces lieux aux jurats, qui prescrivaient ce qui était nécessaire au libre cours des eaux.

Si des règlements spéciaux devaient être faits entre particuliers intéressés à ce libre cours, ou à l'usage des eaux, c'était d'autorité du parlement et sur son homologation qu'ils étaient faits.

Canton de Thèze.

Membres de la Commission :

MM. DE FANGET, juge de paix, *président.*
RIGOULET, notaire.
MONGUILHAN, notaire.
P.-J. VIGUERIE, propriétaire.

Art. 590. — On est régi par le code Napoléon.

Art. 593. — Le code sert de règle, attendu qu'il n'y a pas d'usage local.

Art. 644, 645. — C'est le code Napoléon que l'on observe; il n'y a pas d'usage local.

Art. 663. — Il en est de même de cet article que du précédent, c'est-à-dire que l'on suit les règles du code, attendu qu'il n'y a pas d'usage particulier.

Art. 668. — L'usage, pour la largeur à donner au fossé, varie suivant la nature et la valeur des terres.

Ainsi, pour les terres de lande, on laisse une largeur de 1 m. 30 c. et partout ailleurs 1 m., sauf les conventions particulières qui règlent la largeur du fossé.

Art. 671. — La distance prescrite par le code Napoléon est seule observée, attendu qu'il n'y a pas de règlement.

Art. 674. — Il n'y a pas de règlement et d'usage particulier ce concernant dans le canton.

Art 1736. — Il suffit de donner congé trois mois avant la fin de l'année, quelle que soit la profession du locataire. Tel est l'usage des lieux.

Le prix du loyer se paie d'avance par trimestre.

Art. 1738, 1753. — Les paiements faits par le sous-locataire, soit en vertu d'une stipulation portée à son bail, soit en conséquence de l'usage des lieux, ne sont pas réputés faits par anticipation.

On observe le code Napoléon.

Art. 1754. — On se conforme aux dispositions du Code.

Art. 1758. — Si rien ne constate que le bail soit fait à tant par an, par mois ou par jour, il est censé fait pour une année.

Art. 1759. — Dans ce cas, le loyer est censé renouvelé pour un an.

Quant aux baux à ferme, on se conforme aux dispositions de l'article 1774 du code Napoléon, c'est-à-dire que le bail est censé fait pour 3 années, attendu que les terres labourables se divisent en 3 soles : l'une pour le froment, l'autre pour le maïs, et la troisième pour la jachère.

Dans ce dernier cas, le congé doit être signifié 3 mois à l'avance, avant l'expiration de la 3e année.

Art. 1777. — Il n'y a pas de règlement local pour le colon partiaire. Il doit laisser à sa sortie tous les fourrages, la paille et le fumier qui se trouvent en ce moment sur le domaine. De même, il doit laisser les terres ensemencées, s'il les en a trouvées en entrant, et les jachères préparées pour recevoir les semences, attendu que les baux à ferme se font d'ordinaire le 1er novembre.

ARRONDISSEMENT D'OLORON.

Canton d'Accous.

Membres de la Commission :

MM. CASALOT, juge de paix, *président.*
LASSALLE, notaire.
LOUSTALET-CAMY, notaire.
ARNAUDE, huissier.

La Commission constate, sur les huit questions de la nomenclature des articles du code Napoléon qui se rapportent aux anciens usages, comme sur les dispositions des lois de 1791 et de l'an 11,

Que s'il y a eu des usages locaux dans le canton d'Accous, ils sont tombés en désuétude, en sorte que sur toutes les matières dont il s'agit, on ne se conduit que par les dispositions explicites des lois.

En conséquence, la Commission n'a rien de particulier à signaler.

Canton d'Aramits.

Membres de la Commission :

MM. SALET, juge de paix, *président.*
DANCHOU.
CASTERAN.
PAUZAT.

Art. 590, 593. — Pour les bois donnés en usufruit, l'usage depuis longtemps est de le régler conformément aux dispositions du code Napoléon, c'est-à-dire que l'usufruitier a droit à l'exploitation des taillis qui seraient disposés en coupes réglées , tout comme de disposer des arbres dépérissants et de les remplacer par de jeunes plants ; comme aussi de prendre les arbres propres à réparer les bâtisses qui seraient données en usufruit.

Pour les arbres fruitiers qui sont dans les jardins ou vergers , l'usage est que les fermiers ou locataires utilisent ceux tombés par vétusté ou renversés par le vent, qu'ils remplacent par des jeunes.

Art. 644, 645. — On ne connaît pas de règles particulières pour l'usage des eaux courantes. S'il s'élève des contestations relativement au droit d'utiliser ces eaux, on observe les formalités prescrites par les articles cités.

Art. 663. — Il n'existe point dans le canton des villes ni des faubourgs. Quant aux constructions et réparations qui séparent les maisons, cours et jardins, on suit les règles tracées par l'article cité.

Art. 671. — L'ancienne coutume de Béarn voulait que les arbres à haute tige fussent plantés à 9 pieds de distance des héritages voisins. Cet usage est tombé en désuétude et l'art. 671 cité s'exécute parmi les propriétaires qui plantent depuis très-longtemps.

Art. 674. — On ne connaît point de règlement ni usages locaux quant à l'article 674 ; les constructions prescrites , chaque propriétaire fait les travaux sur sa propriété et le moins à la distance prescrite par le code pour les haies.

Art. 1736, 1738, 1753, 1758, 1759. — L'usage des lieux pour les baux des fermiers, colons partiaires et locataires, autrefois était fixé à la St Jean pour donner des congés, que les baux fussent ou non écrits. Il serait très-convenable de maintenir cet usage pour les deux premiers cas, parce que soit fermier, soit colon partiaire, ils font ravager les fourrages qu'ils sont tenus de laisser sur le bien à leur sortie, n'étant tenus de prévenir le maître que le 31 juillet, trois mois avant la Toussaint, époque fixée dans le canton pour l'entrée sur les biens soit des fermiers , soit des colons partiaires. Il suit de ces inconvénients qu'il y a souvent des procès entre maîtres , colons ou fermiers, pour malversations ou dégats dans les fourrages, ce qui n'aurait pas lieu si les uns et les autres savaient à la St Jean, avant la récolte des fourrages, à quoi s'en tenir.

La tacite reconduction autrefois dans le Béarn n'était pas connue. Cependant, aujourd'hui, si le preneur reste en possession depuis l'expiration du bail, il est censé que ce même bail continue pour une année.

Il est d'usage que le sous-locataire doit compte de la sous-location au principal locataire.

Il n'y a point dans ce canton des baux concernant des appartements meublés.

Art. 1754, 1755. — L'usage des lieux ancien comme celui établi par le code est que le locataire est tenu des réparations locatives ou de menu entretien.

Art. 1777. — Les fermiers ne quittent les biens qu'après la récolte entière, ce qui fait que ce n'est que vers le 10 au 15 novembre, époque de la rentrée du maïs, des haricots et des pommes de terre. C'est alors que le maître avise à ce que le fermier sortant laisse sur le bien pour le fermier entrant ce dont il est tenu en fourrages, fumier et bestiaux.

Loi du 28 septembre-6 octobre 1791. — Les propriétaires des campagnes et landes ont en général clos leurs propriétés, ainsi que la loi de 1791 leur en donnait le droit. Aussi le glanage, le parcours et la vaine pâture ont entièrement cessé.

Loi du 14 floréal an XI. — Il n'y a pas d'usage local ni coutume pour le curage des canaux et l'entretien des ouvrages d'art qui y correspondent; les propriétaires qui bordent ces eaux exploitent jusqu'aux rives, comme leur appartenant.

Canton d'Arudy.

Membres de la Commission :

MM. BITAUBÉ, juge de paix, *président.*

LAVIGNOLLE, membre du conseil général.

LARUNCET, notaire.

POMMÉ, propriétaire.

Il est de fait que dans le canton d'Arudy, l'usufruit des bois, l'usage des eaux courantes, la hauteur des clôtures, les distances à garder entre les héritages pour les plantations d'arbres de haute tige et les constructions susceptibles par leur nature de nuire au voisin, les réparations locatives ou de menu entretien, les obligations des fermiers entrants et sortants, sont régis par le droit commun, n'y ayant pas à ce sujet d'usage particulier connu.

Les délais à observer pour les congés de location, soit des bâtiments, soit des fonds de terre, est de trois mois.

Les congés pour arrêter le cours de la tacite reconduction doivent être donnés par ministère d'huissier, trois mois avant l'expiration du bail, ou bien, si le bail est expiré, trois mois avant de pouvoir obtenir en justice l'expulsion des lieux.

Il existait dans certaines communes limitrophes du canton des usages relativement à la dépaissance des campagnes et des montagnes. Mais ces usages ayant été reconnus vicieux, sont abolis depuis longtemps et remplacés par des modes d'exploitation moins onéreux aux co-usagers.

Il n'existe pas d'usage proprement dit en ce qui concerne le curage des canaux et rivières non navigables et l'entretien des ouvrages qui y correspondent; tout cela est également régi par le droit commun.

Canton de Laruns.

Membres de la Commission :

MM. LACAZETTE, juge de paix, *président.*
DUMOLIN.
BONPAS.

La Commission reconnaît et constate que les seuls usages locaux existant dans le canton sont les suivants :

1° La hauteur des clôtures des biens ruraux (article 663 du code Napoléon) est fixée à un mètre vingt centimètres.

2° Le délai des congés pour les locations d'un an est de trois mois.

3° L'exercice de la vaine pâture a généralement lieu deux jours après la récolte entière, suivant la loi du 6 octobre 1791.

La Commission déclare enfin qu'il n'existe aucun usage local sur les matières réglées par les articles 590, 593, 644, 645, 671, 1738, 1753, 1758, 1759, 1754, 1755, 1777 du code Napoléon et la loi du 14 floréal an XI.

Canton de Lasseube.

Membres de la Commission :

MM. DOMECQ, juge de paix, *président.*
LACOSTE, maire.
MESPLEZ, notaire.
CAZALET, propriétaire.

Art. 590, 593. — Il est certain que dans ce canton, territoire bien boisé, il faut recourir à l'usage des propriétaires pour reconnaître l'ordre et la quotité des coupes ordinaires, soit des taillis, soit des baliveaux, soit des futaies.

Et suivant cet usage, la coupe des bois taillis ne se fait ordinairement que tous les dix ans ; celle des baliveaux, qui sont quelquefois laissés dans les taillis, que lorsqu'on peut les employer avec plus d'avantage ; et celle des bois futaie s'est toujours effectuée au gré de chaque propriétaire.

On ne saurait prétendre que les arbres à haute futaie étaient amenagés dans ce canton, parce que le chef-lieu, Lasseube, commune la plus considérable des cinq qui le forment, ne pouvait, non plus que ces dernières, exploiter ces arbres, avant l'ouverture de la nouvelle route n° 2 qui remonte à moins de 12 ans, que pour les besoins personnels et locaux de chacun des propriétaires. Ceux-ci ne pouvaient autrement se permettre de transporter en dehors du canton aucune espèce d'arbre pour construction, pièces de charpente ni bois à brûler, par le défaut de routes suffisantes, ce qui sans doute avait dû porter les propriétaires, si une fois ou autre ils y avaient pensé, à ne jamais songer à aucune espèce d'aménagement, les arbres arrachés ou brisés par accident, et les branches de ceux non atteints de la sorte, étant suffisants pour les besoins personnels et domestiques des habitants de ce canton.

Art. 644, 645. — Il est d'usage dans ce canton que les propriétaires de fonds de terre bordant les eaux courantes, provenant des divers ruisseaux qui le parcourent et auxquelles se réunissent les eaux pluviales des nombreux coteaux qui en dépendent, s'en servent à leur passage pour l'irrigation de leurs fonds, mais à la charge de les rendre à la sortie de ces fonds à leurs cours ordinaires.

Art. 663. — Il n'existe point dans le canton de règlement particulier ni d'usage constant et reconnu concernant la hauteur à donner aux murs de séparation entre voisins. Il serait néanmoins à désirer que la faculté accordée par cet article aux habitants des villes et faubourgs de contraindre leurs voisins à contribuer aux constructions et réparations de la clôture faisant séparation de leurs maisons, fût étendue aux habitants de tous les chefs-lieux de cantons, et que la hauteur des murs à construire dans ces lieux fût fixée sinon à huit du moins à six pieds.

Art. 671. — A défaut de règlement et d'usage local, les distances prescrites par le code Napoléon pour la plantation des arbres et haies sont rigoureusement observées.

Art. 674. — Il n'existe pas non plus de règlement ni d'usage local relatif à la distance à observer ni aux ouvrages autorisés par ledit article pour éviter que le voisin puisse nuire à son voisin.

Art. 1736, 1738, 1753, 1758, 1759. — Dans les cas prévus par les deux premiers de ces articles, l'une des parties, d'après l'usage local, est tenue, pour faire cesser le bail, de faire notifier un congé à l'autre. L'usage dans ce canton est que le sous-locataire, quand le sous-bail est fait pour un an, ne doit payer le prix que de 6 en 6 mois ou de 3 mois en 3 mois et d'avance.

Si rien ne constate la durée du bail, et qu'il s'agisse d'une maison en entier ou de plusieurs appartements d'une maison et du logement de plusieurs personnes, le bail, d'après l'usage local, est censé fait pour un an. Il est censé fait à tant par mois s'il s'agit de loger un employé, par exemple. Le loyer d'un jour n'est pas d'usage dans ce canton, si ce n'est dans les auberges ou cabarets. Il en est de même du cas prévu par l'article 1759 et de celui prévu par les articles 1736 et 1738.

Un autre cas est prévu par l'article 1762 du même code, c'est celui où il aurait été convenu dans le contrat de louage que le bailleur pourrait venir occuper la maison ; il est tenu alors de signifier d'avance un congé aux époques déterminées par l'usage des lieux.

Dans le cas d'une pareille convention, et si le contrat ne s'en explique pas autrement, l'usage veut que le preneur ne puisse être congédié qu'après avoir reçu congé de la part du bailleur trois mois à l'avance, avant l'époque à laquelle il entend occuper la maison louée.

Art. 1754, 1755. — L'usage dans le canton n'est pas que le locataire soit tenu des réparations locatives indiquées en l'article 1754, si ce n'est des vitres, à moins encore qu'elles ne soient cassées par la grêle ou autre accident de force majeure. A plus forte raison le locataire n'est pas tenu d'aucune des réparations réputées locatives quand elles sont occasionnées par vétusté ou force majeure.

Art. 1777. — Peu ou point de baux à ferme dans le canton. En général, et au contraire, des baux à colonnage ; et dans l'usage, les colons partiaires procèdent entre eux comme l'article cité le prescrit entre fermiers.

Canton de Monein.

Membres de la Commission :

MM. DE BADET, juge de paix, *président.*
DABBADIE, docteur-médecin.
BOUIX, notaire.
TOULET, notaire.

Il est difficile aujourd'hui de recueillir les usages locaux qui, dans le canton de Monein, régissent encore quelques branches de droit civil. Ils s'effacent chaque jour, et dans la généralité, pour ne pas dire l'universalité des affaires portées devant les tribunaux, les principes établis par le code Napoléon reçoivent une consécration constante.

4

En empruntant à la circulaire de M. le Ministre de l'Intérieur l'ordre des articles du code Napoléon, nous trouvons d'abord l'usufruit des bois. Ce contrat est excessivement rare dans le canton de Monein, et ne se produit que comme accessoire d'usufruit d'une terre, d'un corps de ferme, sur lequel se trouvent des arbres déjà aménagés. La coutume locale, la tradition, ne peuvent offrir à la Commission de renseignements utiles. Il lui paraît juste d'établir des coupes décennales, aménagement pratiqué par les propriétaires, qui cependant avancent ou retardent la coupe d'une année selon la force et la belle venue du bois.

L'usage des eaux courantes n'est pas réglé par la loi locale ; le premier occupant les utilise de telle sorte qu'elles sont ramenées à leur cours naturel, sans préjudicier aux riverains ou propriétaires inférieurs.

L'usage local est muet encore sur la hauteur des clôtures dans les villes et bourgs, sur les constructions susceptibles de nuire au voisin, sur la distance des arbres de haute tige. Ce silence s'explique suffisamment par l'absence de grand centre de population, le non établissement d'usines, l'isolement des maisons, presque toutes séparées par des ruelles, enfin par le peu de valeur des terres.

Il est cependant une servitude régie par l'usage que nous devons mentionner, c'est la servitude de passage. Le chemin sur lequel elle s'ouvre a une largeur de 2 mètres 40 centimètres.

Les locations sont peu nombreuses ; généralement le preneur entre en possession de la chose louée au premier novembre, et le congé doit être donné le 24 juin (St Jean). Les délais sont ainsi très-longs. Mais de temps immémorial, dans la pratique de la justice de paix de Monein, ces délais ne sont respectés qu'autant qu'ils sont le résultat d'une convention. Les paiements se font généralement à la St Jean, à la Noël, tant pour les locations urbaines que pour les locations rurales. Les contrats déterminent aussi ces deux échéances. Les sous-locations sont très-rares et n'ont lieu qu'avec le consentement du locateur. C'est lui qui supporte les réparations locatives qui ne donnent pas lieu à des difficultés par suite du peu de valeur des appartements loués, et surtout par suite de l'indigence des locataires.

Comme le locataire, le fermier, le colon partiaire doivent se conduire en bons pères de famille ; ce principe est rappelé par tous les contrats.

Le glanage n'est en usage que dans une partie du canton de Monein, sur les communes de Pardies, Abós et Tarsacq, situées sur la rive du gave, où les terres ensemencées en céréales ne sont défendues par aucune clôture. Le glanage, uniquement pratiqué par les pauvres, donne lieu à de nombreux abus. Le jour à partir duquel il peut s'exercer n'étant pas règlementé, beaucoup de glaneurs longent les blés qui ne sont pas fauchés encore, et trompant la surveillance des propriétaires, profitant de leur absence, leur font souffrir de graves dommages.

Ces communes auront encore de clocher à clocher le droit de vaine pâture, sans que le nombre de bêtes à conduire au pacage commun soit limité, ou proportionnel à la terre possédée. Chaque année l'administration locale détermine le terrain assigné aux bêtes ovines.

L'exercice de la vaine pâture devient chaque jour plus difficile, et sans doute il disparaîtra avec les progrès de l'agriculture qui déterminent le propriétaire à ensemencer en maïs, pendant deux ou trois années consécutives, pour purger ses terres des mauvaises herbes.

Canton d'Oloron-Sainte-Marie (est).

Membres de la Commission :

MM. LAFFORE, juge de paix, *président.*
POURTAU-PENNE.
BERGÉ.
LAYRISSE.

Art. 590, 593. — Il n'existait point dans le canton avant le code, pas plus que de nos jours, des bois aménagés, ni des taillis, ni de grandes pépinières.

La loi romaine servait de règle pour les rapports du propriétaire et de l'usufruitier ; aucun usage particulier ne saurait être signalé en cette matière.

Art. 644, 645. — La Commission constate l'absence complète de règlements locaux, soit sur le mode de jouissance des eaux, soit sur le curage de leurs cours.

Aucun usage certain et pouvant être considéré comme traditionnel n'existe dans le canton relativement aux droits et aux devoirs des riverains.

Art. 663. — L'inégalité du sol de la ville d'Oloron y eut rendu impraticable soit un règlement, soit un usage uniforme pour les clôtures ; aussi la Commission ne peut-elle signaler sur ce point ni un usage constant ni un règlement quelconque.

On avait l'habitude dans les communes rurales du canton de se clore au moyen de murs faits à chaux et sable, de murs secs, de haies, de fossés, mais ici encore point de règlement ni d'usage universellement reçu quant à la hauteur, la largeur ou profondeur de ces clôtures.

Art. 671. — Avant la promulgation du code, les arbres à haute tige étaient généralement plantés à la distance de 2 mètres 16 centimètres (9 empans) du fonds voisin ; les essences à basse tige à 48 centimètres (2 empans).

Art. 674. — L'application des règles que le code suppose exister relativement aux constructions qu'il énumère dans l'article 674, n'auraient pas été d'une bien grande utilité dans le canton d'Oloron, alors même que ces règles y eussent été introduites ; car, d'une part, les puits, aujourd'hui encore peu nombreux, y étaient fort rares, et, d'autre part, l'usage constant de bâtir les maisons séparées les unes des autres par une venelle devait faire disparaître presque tous les dangers qu'offrent contre un mur séparatif l'établissement d'un puits, d'une fosse d'aisance, d'un four ou d'une forge, etc.

Une tradition très-peu certaine signale l'intervention des jurats lorsqu'il s'agissait de creuser un puits ; ils déterminaient les précautions à prendre et fixaient les distances à observer ; dans les autres cas où des précautions étaient à prendre, on suivait, à défaut de règlements, les dispositions écrites dans la coutume de Paris.

Art. 1736, 1738, 1758, 1759. — La location des maisons était faite pour une année si elle était verbale ; le congé devait être donné trois mois avant l'expiration du bail.

La tacite reconduction avait pour effet de renouveler le bail pour une égale durée.

Même usage pour la durée de la location des biens ruraux ; le point de départ de l'année était le 1er novembre et le congé devait être notifié à la St-Jean.

Art. 1753. — Les locations de maisons étaient peu usitées dans le canton d'Oloron, chaque famille tenant à avoir son habitation particulière. Les sous-locations durent comme aujourd'hui encore y être fort rares, et rien ne constate d'usage sur les à-comptes que pouvait payer le sous-locataire au locataire principal.

Art. 1754, 1755. — Rien de certain sur ce point; l'observation que la commission a faite sur la location des maisons explique cette incertitude.

Art. 1777. — Le séjour du fermier entrant et du fermier sortant n'était point connu où du moins n'était pas pratiqué dans le canton d'Oloron.

Le mode le plus général et le plus usité d'exploitation agricole était comme il l'est encore aujourd'hui la métairie, et les rapports respectifs du métayer et du bailleur étaient toujours réglés par écrit.

Loi des 28 septembre — 6 octobre 1791. — La servitude de parcours qui était si largement exercée en Béarn, légalement abolie par l'édit de 1770, subsista peut-être encore après et malgré cet édit, mais elle est complètement éteinte aujourd'hui dans le canton d'Oloron.

Il en est autrement de la vaine pâture qui s'y exerce dans les bois et landes des communes en vertu de règlements locaux qui déterminent, soit l'époque où commence l'exercice de ce droit, soit le nombre et l'espèce de bêtes que chaque habitant peut envoyer au pacage.

Elle s'exerce en outre après l'enlèvement des récoltes, sur les propriétés privées et non closes des habitants des communes de Lurbe et d'Eysus. L'exercice de cette servitude a fait dans cette dernière commune l'objet d'un règlement dont la date remonte au 13 juillet 1841, règlement qui fut approuvé le 30 du même mois de juillet et qui se trouve toujours en vigueur.

Canton d'Oloron-Sainte-Marie (ouest).

Membres de la Commission :

MM. J. BAMBALÈRE, juge de paix, *président.*
LAMOTTE-D'INCAMPS, conseiller général.
J. LENGOUST.
TAILLEFER.
PEYRÉ.

Art. 590, 593. — Il n'existait pas dans le canton des bois taillis avant le code, non plus que des pépinières à proprement parler.

Les jeunes sujets croissaient naturellement dans les bois à haute futaie, et là surtout où les ronces et épines les défendaient contre la dent meurtrière des bestiaux. Ils étaient des produits des glands et de la faîne qui n'étaient pas cueillis et que les porcs qu'on menait à la glandée recouvraient en fouillant la terre.

Les arbres à haute futaie étaient exploités par les propriétaires en les émondant pour leur bois de chauffage, et en jardinant pour les constructions, et ceux-ci étaient remplacés par des jeunes sujets qu'ils transplantaient ou faisaient transplanter.

Une seule et grande forêt particulière existait dans ce canton : c'était celle qui appartenait au baron de Mesplez et qui appartient aujourd'hui à la famille Lagarde. Cette forêt n'était pas même aménagée : les anciens propriétaires comme les nouveaux vendaient çà et à des arbres, et ils les faisaient remplacer par de jeunes sujets qui étaient pris çà et là aussi dans la forêt même.

Quand un usufruit était constitué sur des biens où des essences boisées existaient, l'usufruitier jouissait de ces essences pour son chauffage en les émondant. Il profitait aussi des arbres qui étaient renversés ou arrachés par accident ou qui mouraient, à la charge de replanter un nombre égal de jeunes arbres, et d'employer le bois de ces arbres morts ou arrachés et renversés aux réparations des bâtiments s'ils en avaient besoin, et à fournir des tuteurs aux ceps des vignes qui en étaient dépourvus. C'est ainsi, et avec cette modification introduite par l'usage, que les principes du droit romain étaient observés, la coutume étant muette.

S'il ne mourait pas d'arbres, ou qu'il n'en fût pas arraché ou renversé par accident pendant la durée de l'usufruit, ou bien s'ils étaient insuffisants, l'usufruitier pouvait en couper au pied, après avoir fait, en présence du propriétaire, vérifier et constater la nécessité de la coupe par des jurats qui indiquaient les arbres qui devaient être coupés.

L'usufruitier jouissait de tous les fruits et produits des arbres.

Art. 644, 645. Loi du 14 floréal an XI. — La coutume

de Béarn ne règlementant rien pour l'usage des cours d'eau, on suivait les principes du droit romain avec quelques modifications introduites par l'usage.

Ainsi 1° Les riverains des cours d'eau, et les propriétaires dont ces cours traversaient l'héritage, pouvaient jouir des eaux à leur passage sans nuire aux voisins, et à la charge de les rendre à leur cours naturel, conformément aux lois *Si quis ff. de pascuis, et usum cod de aquæductu.*

Si les riverains du cours, ou les propriétaires dont le fonds était traversé par le cours d'eau, voulaient jouir en même temps des eaux, l'usage était que les premiers d'amont en aval du cours profitaient les premiers des eaux, et les jurats intervenaient pour règlementer la jouissance toutes les fois que des contestations survenaient.

Selon l'usage encore, chaque riverain jouissait des eaux pendant 24 heures, l'un après l'autre.

2° En ce qui touche le curage des cours d'eau et l'entretien des digues qui y correspondent, l'usage était que chaque propriétaire riverain curait le cours ou lit jusqu'au milieu, et dans toute la longueur du cours correspondant au front de sa propriété. Et lorsque le cours traversait la propriété, comme en ce cas il était riverain des deux côtés, l'usage l'obligeait à curer le lit du cours dans toute sa largeur. Cet usage était fondé non-seulement parce que les riverains, profitant des avantages des eaux, devaient supporter les charges d'entretien du lit, mais encore parce qu'ils devaient faciliter le cours des eaux pour que les propriétaires inférieurs n'en fussent pas privés, et pour que ces eaux ne pussent nuire à personne.

Enfin les digues, selon l'usage, étaient entretenues par les propriétaires sur les fonds desquels elles facilitaient l'introduction des eaux.

Ces digues étaient construites de cette façon que, lorsque leurs propriétaires avaient pris leur tour de jouissance des eaux, elles n'en
pussent pas arrêter le passage au préjudice des propriétaires inférieurs.

Art. 663. — Un usage fort ancien, mais qui est tombé en
désuétude, existait avant le code Napoléon dans la ville de Ste-Marie.

Les clôtures en maçonnerie entre cours et jardins devaient avoir une
élévation de 2 mètres 68 centimètres à partir du sol chaperon compris;

D'un mètre en rase campagne entre champs et pré;

D'un mètre vingt centimètres pour clôture d'enclos ;

Et d'un mètre soixante-huit centimètres pour clôture de vignes.

Il n'existait ni règlement ni usage relativement aux clôtures dans
aucune des autres communes du canton. Les clôtures y étaient faites
selon les moyens et les appréhensions des propriétaires qui voulaient
se clore.

Art. 671. — Des délimitations faites dans plusieurs communes
du canton, pour arriver à l'opération matérielle du bornage, ont
démontré que, suivant l'usage ancien, les essences boisées à basse
tige étaient plantées à la distance de 36 centimètres du fonds voisin.
Et la mesure qui a été prise en divers lieux, du milieu du corps d'an-
tiques arbres jusqu'à la ligne séparative, a prouvé qu'il était aussi
d'usage ancien de planter les essences boisées à haute tige à la distance de 1 mètre 75 centimètres du fonds voisin.

Art. 674. — Les recherches faites par la Commission, l'enquête
qu'elle a faite, n'ont pu lui faire découvrir aucun règlement ni usage
relativement aux distances à observer et aux précautions à prendre
pour la construction des puits.

Cela, au reste, ce conçoit aisément. Il est des communes où le sous
sol est complètement graveleux, et par conséquent complètement
perméable et peu solide ; il en est d'autres où, au contraire, il est
presque pétrifié et conséquemment imperméable et très-fort, et dès
lors, la distance à observer et les contre murs à faire pour la construction des puits devaient être ici bien différents que là.

Ce que la Commission a recueilli, c'est que les jurats intervenaient
et que des experts qu'ils nommaient fixaient les distances à observer
et les précautions à prendre, selon la force ou la faiblesse des terrains,
pour la construction des puits.

La Commission a encore recueilli que généralement dans le canton on observait les dispositions des articles 188, 189, 190 et 191 de la coutume de Paris pour les distances et les ouvrages à faire lorsqu'on voulait construire des établis, des cheminées et aires, foyers et fours et fosses d'aisance.

Art. 1736, 1738, 1758, 1759. — En général, dans le canton chaque famille avait une maison d'habitation petite ou grande.

Il y avait peu de locations.

Les locations des maisons étaient faites, selon l'usage, pour une année.

Quand elles étaient faites verbalement, le congé devait être donné trois mois avant l'expiration du bail.

Les locations des usines étaient, selon l'usage, faites pour trois années. La durée de ces locations s'expliquait par cette circonstance que ce n'était généralement que les seconde et troisième années que les fermiers, alors connus des chalands, pouvaient réaliser quelques bénéfices. Le bail qui advenait par tacite reconduction, si le congé, suivant l'usage, n'était notifié trois mois avant l'expiration de la troisième année, n'avait toutefois qu'une durée d'un an, et le congé devait encore être donné trois mois avant son expiration.

Les locations des domaines ruraux étaient faites à l'année, selon l'usage, du 1er novembre au 1er novembre suivant, les récoltes étant faites d'une époque à l'autre; et le congé, selon l'usage aussi, était donné à la St-Jean. L'assolement était alors comme aujourd'hui biennal dans tout le canton.

Enfin, selon l'usage encore, les fermiers des domaines ruraux ne pouvaient toucher aux arbres. Ils n'avaient droit qu'à leurs fruits, au menu bois mort et aux produits des émondages des haies vives de clôture qu'ils devaient entretenir et soigner.

Art. 1753. — Pas d'usage sur les à-comptes que pouvait payer le sous-locataire au locataire principal.

Art. 1754. — Les réparations locatives qui, selon l'usage, étaient à la charge des locataires, étaient toutes celles qui ne dépassaient pas la somme de trois francs.

Mais si, pour défaut de ces réparations, l'immeuble éprouvait de plus graves détériorations, l'usage voulait encore qu'elles fussent supportées par les locataires.

Art. 1755. — La règle du droit romain *res perit domino* était observée en Béarn, lorsque la perte ne pouvait être imputée au désordre ou à la négligence du locataire.

Art. 1777. — Le séjour du fermier entrant et du fermier sortant n'était pas pratiqué dans le canton.

La sortie du fermier était fixée à une époque déterminée (1er novembre); l'usage était qu'il devait laisser les terres dans l'état où il les avait reçues. Il devait aussi laisser les fourrages, les litières, s'il les avait trouvés lorsqu'il était entré, et dans tous les cas il devait laisser les fumiers. Ceci s'entendait des fermiers à *prix d'argent.*

Le colonnage, le métayage, relativement aux droits du colon, du métayer et du maître, et à leurs rapports respectifs, étaient toujours réglés par écrit.

Loi du 28 septembre - 6 octobre 1791. — La coutume de Béarn, conforme au vieux for, considérait la liberté du pacage comme la richesse la plus naturelle du pays.

Elle favorisait la servitude de parcours jusqu'au 3e clocher. Article 10, rubrique *de boscatges*, et article 5, rubrique *de herbatges.*

Les Etats s'étaient opposés en différents temps aux clôtures qui étaient entreprises. Ils firent même un règlement en 1647 pour autoriser les communautés à abattre les nouveaux fossés s'ils empêchaient le pâturage, mais un arrêt du Conseil révoqua ce règlement quinze ans après.

Vers la fin du 17e et au commencement du 18e siècles, plusieurs propriétaires plantèrent des vignes dans les plaines, landes et artigues *sujettes au parcours coutumier*; « mais comme ces plantations entourées de clôtures diminuaient le parcours, qu'elles nuisaient à la production des céréales, et que le vin qui y était fait était d'une mauvaise qualité et pouvait nuire chez l'étranger à la bonne réputation du vin qui était fait sur les coteaux, » le roi, par ces motifs et par sa déclaration du 1er juin 1728, enregistrée et publiée au Parlement de Navarre le 14 juillet suivant, ordonna que toutes les clôtures, faites depuis 10 ans, des fonds sujets au parcours commun, et autour des vignes et hautins situés dans lesdites plaines, landes et artigues, seraient arrachées aux frais des propriétaires, défendit de les rétablir et aussi de planter des vignes auxdits terrains.

Cependant, les encouragements donnés à l'agriculture, comme le fait observer M. Mourot, changèrent en Béarn l'opinion générale. Les Etats sollicitèrent l'édit du mois de décembre 1767, abolitif de la servitude de parcours, et qui permit aux propriétaires de clore leurs fonds; et un nouvel édit du mois de février 1770, publié et enregistré au Parlement de Navarre le 4 avril suivant, porte « que » tous propriétaires-cultivateurs, fermiers et autres pourront clore les » terres, prés, champs, et généralement tous les héritages de quel- » ques natures qu'ils soyent; que les terrains qui seront clos ne » pourront être assujettis à l'avenir, et tant qu'ils resteront dans cet » état de clôture, au parcours; et enfin que les troupeaux de chaque » communauté ne pourront plus à l'avenir être conduits sur les » territoires des communautés voisines et adjacentes, sous prétexte » de droit réciproque de parcours, lequel est et demeure aboli. »

Le parcours *coutumier* de paroisse à paroisse fut donc formel-lement aboli, et les habitans des communes conquirent par l'édit le droit de se clore et de soustraire, par là clôture, leurs fonds au parcours et à la vaine pâture, et ce droit leur fut de plus fort accordé par la loi sur la police rurale.

Qu'est-il resté du parcours coutumier ?

1º Qu'il est encore exercé dans les bois et landes des communes du canton par les habitants desdites communes exclusivement;

2º Que le parcours qui était exercé sur les propriétés privées et dans toutes les communes du canton, ne s'exerce plus que dans les communes de Moumour, d'Orin, de Géronce, de Saint-Goin, de Geus, d'Aren et d'Asasp, et dans les champs ouverts seulement, par les habitants de ces communes exclusivement.

Des règlements locaux fixent l'époque où commence et celle où finit le parcours annuel, ainsi que le nombre et l'espèce de bétail que chaque propriétaire peut envoyer au pacage.

Ces règlements, dont l'exécution est confiée aux Maires qui annon-cent le jour où commence le parcours, éprouvent des modifications selon les progrès des populations, les besoins qu'elles éprouvent, et les charges communales qu'il faut couvrir.

ARRONDISSEMENT DE MAULÉON.

Canton d'Iholdy.

Membres de la Commission :

MM. Aphalo.
Saint-Jayme.
O. d'Arthez.
Larre.

Art. 590. — Il est d'usage, pour les usufruitiers, de conserver les bois-taillis ou de futaie dans l'état où ils se trouvent, de n'en prendre que ce qui leur est d'une stricte nécessité pour le besoin de chauffage et des fermetures, en laissant toujours des baliveaux suffisants pour remplacer ceux qu'ils auraient coupés.

Il n'y a pas de taillis dans le canton qui soient en coupe réglée, non plus que de pépinières.

Art. 593. — Les échalas pour soutien des vignes se prennent des branches de châtaigniers en général, et l'usufruitier n'aurait pas droit d'en couper un au pied, suivant l'usage local, à moins qu'ils ne soient déjà très-vieux et improductifs.

Art. 644, 645. — Il n'y a dans le canton aucun usage particulier pour les eaux d'irrigation ; les prescriptions de la loi y sont suivies, et le plus souvent, lorsque la même source sert à plusieurs particuliers pour l'irrigation de leurs prairies, il y a entr'eux des titres écrits qui leur servent de guide pour son usage qui ne donne presque jamais lieu à des contestations.

Art. 663. — Cet article ayant rapport aux hauteurs des clôtures entre voisins ne peut donner lieu dans le canton à aucun usage ou contestation, puisqu'il n'y a ni ville ni faubourgs proprement dits.

Art. 671. — On suit dans le canton les prescriptions de l'article 671 pour la plantation des arbres à haute tige et pour celle des autres arbres et haies vives.

Il est dit néanmoins qu'autrefois les premiers ne pouvaient être plantés qu'à la distance de huit pieds (2 mètres 66 centimètres), et les seconds à celle de deux pieds (66 centimètres), mais cet usage, s'il a existé, est perdu.

Art. 674. « Comme il n'y a presque pas d'agglomération de maisons dans les communes du canton, on n'y suit aucune règle, aucun usage, pour creuser les fosses d'aisance, construire les cheminées, forges, fours des fourneaux, étables, etc.

Art. 1736, 1738. — Presque tous les baux se font sans écrit, et pour les congés à donner il y a des différences très-grandes d'une localité à l'autre. Dans une partie du canton, le congé, dans les exploitations rurales, à titre de colon partiaire ou de fermier, se donne le 25 mars, et dans l'autre, il suffit pour sa validité de le donner le 24 juin.

Les sorties et les entrées ont lieu partout le onze novembre.

Les congés donnés le 24 juin sont évidemment trop tardifs, car pour lors déjà partie des foins devraient être faits, et il y a tout plein de discussion entre les maîtres et les métayers sur les jouissances des prairies, les travaux faits, etc.

Le 25 mars, au contraire, est l'époque favorable pour ces sortes de congés; c'est dès ce jour que les métayers sont obligés de ne plus introduire les animaux dans leurs prairies; que les nouveaux commencent à y curer les rigoles, à relever les terres et à faire les fermetures, etc. Ils ont exclusivement la surveillance des prairies.

Il est d'usage ici que les changements des colons partiaires et des fermiers, l'entrée en jouissance des uns et la sortie des autres, se fassent le 11 novembre de chaque année. Il vaudrait mieux pour les maîtres et pour eux qu'ils se fissent au 1er novembre. Le plus souvent les maïs sont rentrés pour lors et les semailles du froment se feraient dix jours plus tôt, ce qui n'est pas à dédaigner, car il est assuré que plus on retarde de semer le froment et moins il y a à espérer qu'il sortira bien. Il faudrait donc établir pour usage et pour loi, dans tout le canton, que les congés seraient donnés le 25 mars et que le changement des métayers et fermiers aurait lieu le 1er novembre de chaque année.

Les congés pour les louages simples des maisons se donnent dans quelques communes le 1er septembre, dans d'autres le 8 du même mois et dans quelques autres le 15. Quoiqu'en cela les intérêts des maîtres et des locataires n'aient pas beaucoup à souffrir, il serait utile que partout ce fût le même jour que les congés fussent donnés, et ce jour devrait être le 1er septembre.

Art. 1753. — Il n'y a pas de sous-locataires ici dans le sens d'acception de cet article.

Art. 1758. — On loue ici peu d'appartements meublés, et ces louages se font à l'année.

Art. 1759. — Les congés pour les louages simples des maisons se donnent le 1er, le 8 et le 15 septembre, et si un congé n'a pas été donné à ces dates, il est d'usage qu'un nouveau bail recommence pour une autre année qui expirera le 11 novembre.

Pour les baux par écrit, et il y en a très peu, le locataire prend ses précautions pour trouver une autre maison; il sait que le maître n'est pas obligé de lui donner congé, et s'il reste encore dans la maison après le 11 novembre, il aura contracté un nouveau bail verbal d'un an.

Art. 1754, 1755. — Les réparations locatives ou de menu entretien dans ce canton, s'il n'y a clause écrite du contraire, sont celles désignées dans l'article 1754. On n'en exige pas d'autres, et les prescriptions de l'article 1755 sont généralement suivies.

Art. 1777. — Il y a le plus souvent peu de difficultés entre le fermier sortant et celui qui lui succède, pour les logements convenables et autres facilités pour les travaux de l'année suivante; mais les usages varient pour certaines récoltes de l'année suivante et même pour la rentrée des foins.

Ainsi, comme le métayer sortant doit jouir des pâturages des prairies après la rentrée des foins ou du regain faite par celui qui doit le remplacer, ce dernier doit l'avoir faite dans certaines communes au 20 juillet, dans d'autres le 1er août et dans d'autres le 15 du même mois. Ce dernier terme est trop tardif pour le foin; il

faudrait exiger que partout elle pût être faite le 1er août. Cependant,
il y a des communes où les prairies sont meilleures que dans d'autres ; l'herbe y pousse plus abondamment et on peut les faucher,
à moins de mauvais temps, beaucoup plus tôt. Puis arrive le regain ;
dans plusieurs communes il est coupé par le métayer rentrant comme
fourrage de l'année suivante, et c'est l'herbe qui pousse après cette
fauchaison qui appartient au sortant pour le pâturage de ses bestiaux
qu'il est obligé de nourrir dans la métairie.

Là où il y a de bonnes prairies, il est d'usage bien établi que le
métayer rentrant a droit de faire la coupe du regain et cette coupe
doit être faite pour le 1er septembre, afin que le sortant ait sa part
des herbages pour pâturage.

Lorsque l'usage de faire du regain n'est pas établi, il y a toujours
des discussions entre le métayer sortant et celui qui le remplace.
Le premier soutient qu'il n'a pas eu le regain en entrant et qu'il
n'est pas obligé de le laisser à celui qui lui succède. Pour lever ces
difficultés, les maîtres devraient stipuler dans leurs conventions avec
leurs fermiers, une fois pour toutes, quels seraient leurs droits sur
le regain en entrant et en sortant.

La semaille du lin donne lieu aussi à quelques discussions, mais
il est généralement établi par l'usage que le métayer sortant doit
laisser semer au rentrant l'étendue de terre convenue avec le maître.

La rave et la farouche (trèfle incarnat) sont un autre sujet de
discussion dans une partie du canton entre les sortants et les ren-
trants. Les premiers, s'ils n'en avaient pas récolté en entrant, s'opposent à ce que ceux qui doivent les remplacer aient cette faveur,
sous prétexte qu'il en éprouvent un dommage pour la dépaissance
de leurs troupeaux sur le chaume ; ce serait encore aux propriétaires
des métairies de bien établir des conventions à cet égard. Cependant,
il est de fait que l'usage de semer ces excellentes plantes, qui sont
d'une si grande utilité comme fourrage, prend de l'extension, et
lorsqu'il sera généralisé, les discussions ce concernant finiront par
ne plus exister. Il faudrait généraliser l'obligation de laisser semer
ces deux plantes.

Les cimes de maïs sont généralement réputées comme fourrages appartenant au colon rentrant ; mais le sortant prétend quelquefois y avoir droit pour les faire manger en vert, parce que celui

qui l'a remplacé ne les lui aurait pas laissées; de là des discussions. Il est d'usage néanmoins que le sortant peut faire manger, en vert, quelque peu de cimes de maïs, en s'entendant avec celui qui le remplace.

Quant aux pailles et engrais, l'article 1778 fait loi entre le fermier sortant et celui qui le remplace.

Les dépouilles de maïs rentrent dans la catégorie des pailles.

Loi du 28 septembre - 6 octobre 1791. — Il n'y a aucun usage dans le canton pour le glanage et la vaine pâture. Quand au parcours des bestiaux dans les communes, il y a des titres qui établissent les droits de chaque propriétaire de commune à commune ou de pays à pays. Et si dans quelques communes ces titres n'existent pas, il n'y a jamais de difficulté sur le parcours hors des limites de chacune d'elles, étant d'usage absolu, dans ces cas, que le parcours soit libre de l'une à l'autre, de jour et de nuit.

Loi du 14 floréal an XI. — Cette loi n'a jamais été mise à exécution dans le canton et il n'y a aucun usage ni règlement qui prescrive le curage des canaux et rivières non navigables, l'entretien des digues et ouvrages d'art.

Canton de Mauléon.

Membres de la Commission :

MM. BERTERRÈCHE-MENDITTE, juge de paix, *président*.
J.-B. LAGARDE.
DALGALARRANDO, notaire.
ALCAT, notaire.

Art. 671. — L'usage, en Soule, interdisait la plantation des arbres à haute tige à une distance du fonds voisin moindre de 5 pieds (1 mètre 2/3).

— 65 —

Les haies et clôtures vives devaient être plantées, savoir : l'aubépine à un pied, et les plants plus forts à 3 pieds (1 mètre).

Art. 1736. — Les congés au fermier d'un bien rural doivent être donnés avant la Saint-Jean. Le bail commence le premier novembre.

Quant aux locataires d'une habitation, le congé doit être donné trois mois avant l'échéance du terme. Le bail est censé fait pour une année.

Loi du 28 septembre-6 octobre 1791.—Le code rural a maintenu la vaine pâture et le droit de parcours lorsqu'ils sont fondés sur les lois ou les coutumes, ou par un usage immémorial.

En Soule, la coutume l'établissait sur tous les communaux du pays et sur les fougeraies particulières, et on ne pouvait s'y soustraire que par la clôture.

En général, toutes les terres cultivées et les prairies naturelles étaient closes, et les propriétaires laissaient leurs bestiaux libres parcourir tout le pays sans gardiens, et c'était aux propriétaires des terres à se garantir des dégâts des bestiaux par la clôture de leurs champs.

Dans les plaines, chaque commune possédait deux campagnes ou Elgue, l'une affectée au maïs et l'autre au froment. On nommait ainsi la réunion des terrains des habitants sous une même clôture, sans séparation des parcelles de chacun que par des pierres bornes.

Après la récolte des fruits, la campagne étant vide était livrée à la dépaissance de tous les bestiaux de la commune.

Les parcelles de chaque habitant étaient de très-peu d'étendue, souvent de 10 à 12 ares, rarement au delà de 30 et 40.

On évitait par là la clôture de chaque parcelle, et le préjudice qui en serait résulté par leur multiplicité.

Mais on privait les propriétaires de la faculté de changer l'assolement établi.

Ce mode de culture s'est maintenu et les avantages résultant de la suppression des droits d'enregistrement, pour les échanges des terres contiguës, n'a changé presque rien, chaque propriétaire ayant conservé comme auparavant ses petites parcelles, au nombre quelquefois de 4 ou 5.

Il paraît difficile de changer cet état des choses sans ruiner les propriétaires.

5

Canton de Saint-Etienne-de-Baïgorry.

Membres de la Commission :

MM. G.-F. LARRE
D^{que} ETCHEVERRY.
MERCHOT.
LAXAGUE.

Art. 590, 593. — L'usage local ne présente rien de particulier sur l'exercice des droits de l'usufruitier. Ce dernier use de son droit sur les produits annuels ou périodiques selon ses besoins et les ressources du bien dont il jouit.

Art. 644, 645. — Les prescriptions de l'art. 644 sont la seule règle suivie sur ce point.

Art. 663. — Il n'existe dans le canton ni ville ni faubourg, mais seulement des communes rurales.

Art. 671. — On suit les indications de la loi pour les distances à garder dans les plantations.

Art. 674. — Absence complète de règlemens locaux en ce qui concerne cet article.

Art. 1736. — Presque tous les reçus de biens ruraux se font ici sans écrit, verbalement. Le propriétaire et le fermier ou colon partiaire se donnent congé avant le 25 mars afin de faire cesser le bail le 11 novembre suivant. Le fermier ou le colon partiaire entrant fait les récoltes des foins et regains de l'année courante, afin d'assurer la nourriture de son bétail pendant l'hiver ; il laisse les herbes mortes au métayer sortant jusqu'au 11 novembre, jour de sa sortie. Le congé se donne par l'intermédiaire de deux voisins, verbalement.

Art. 1738. — La tacite reconduction a lieu si le congé n'a pas été donné avant le 25 mars.

Art 1753. — L'usage local n'exige le payement qu'à l'échéance du bail de location.

Art 1758, 1759. — Les baux d'appartements meublés sont

très-rares dans nos communes rurales ; lorsqu'ils ont lieu, ils se font ordinairement au mois. —

Art. 1754, 1755. — Absence d'usages locaux particuliers ; on suit les indications du code.

Art. 1777. — L'usage local veut que le métayer sortant laisse à l'entrant les facilités nécessaires pour les récoltes des foins, regains et fougères. Les travaux du métayer sortant sont achevés le 11 novembre, jour de sa sortie.

Loi du 28 septembre - 6 octobre 1791. — Les droits de parcours et de vaine pâture ne s'exercent ici que sur les terrains communaux et incultes ouverts. Ces droits se pratiquent en toute saison.

Loi du 14 floréal an XI. — Il n'y a pas de canaux dans le canton ; la rapidité de nos torrens suffit au curement des rivières.

Canton de Saint-Jean-Pied-de-Port.

Membres de la Commission :

MM. D'ANDURAIN, juge de paix, *président.*
ETCHEVERRY, député au corps législatif.
D'YRUMBERRY, conseiller général.
SALABERRY, notaire.

Art. 590, 593, 644, 645, 663, 671, 674. — On suit le droit commun, tel qu'il est réglé par le code Napoléon, sur tous ces articles, sans qu'aucun usage local y déroge.

Art. 1736, 1738, 1753, 1758, 1759, 1754, 1777. — Lors de la publication du code Napoléon, les usages locaux dans la Basse-Navarre fixaient le délai pour donner et recevoir congé d'un bien rural au 24 juin ; mais tout le monde reconnaissait que cette époque était tardive. Aussi le tribunal civil de l'arrondissement, sur les contestations qui lui sont soumises à ce sujet, a fixé au 25 mars le délai pour donner et recevoir congé ; c'est aussi à cette époque que cesse la jouissance des prairies. Le délai pour donner et recevoir congé d'un bien rural est donc fixé par l'usage local à la Notre-Dame, 25 mars, et pour les loyers des maisons sans exploitation rurale au 11 août. L'époque pour prendre un bien rural est fixée à la St-Martin, 11 novembre. Le métayer sortant abandonne les prairies le 25 mars, avant l'expiration du bail, et le métayer entrant les soigne et fait les foins de l'année. Le métayer sortant laisse au nouveau métayer dans la métairie les emplacements nécessaires pour engranger les foins, lins, haricots, châtaignes, pommes de terre, etc. Il doit enfin lui laisser toutes les commodités pour exploiter la métairie. Les fumiers qui existent dans la métairie au moment de la sortie de l'ancien métayer appartiennent au métayer entrant, sans qu'il soit tenu de payer aucune indemnité au métayer sortant. Le métayer sortant fait consommer les regains et jouit des pacages jusqu'au moment de sa sortie qui a lieu le 11 novembre. Souvent le métayer sortant laisse à celui qui doit le remplacer la latitude de semer la rave et le farouche aussitôt après que la récolte du froment est faite. Il serait à désirer que cet usage fût considéré comme règle générale, attendu que ce pays étant un pays de pâturages où le froment et le maïs, les deux céréales qu'on y cultive, ne suffisent pas à la nourriture des habitants, la principale ressource de ceux-ci consiste dans l'élève du bétail du produit duquel ils doivent se procurer le déficit des grains, payer les contributions et enfin pourvoir à tous leurs autres besoins. Pendant les mois de janvier, février et mars, les fourrages des prairies naturelles étant consommés chez presque tous les propriétaires, la rave et le farouche sont d'une grande ressource à cette époque.

Le paiement des loyers a lieu à l'expiration du bail ; celui des prairies le 25 mars.

Loi des 28 septembre – 6 octobre 1791. — On suit le droit commun, tel qu'il est réglé par le code Napoléon.

Canton de Saint-Palais.

Membres de la Commission :

MM. Darthez-Lassalle, juge de paix, *président*,
J.-P. Salaberry, juge d'instruction.
A. Diriart, notaire.

Art. 590, 593. — Il n'y a point dans le canton de Saint-Palais d'usage constant et reconnu auquel se conforment les propriétaires pour les coupes de bois de haute futaie ou de bois taillis et d'arbres de pépinière dont ces articles font mention.

L'usufruitier de cette nature de biens n'est donc astreint qu'à en jouir en bon père de famille.

Art. 644, 645. — On manque d'eaux vives dans le canton, ou d'eaux fertilisantes qui puissent servir à l'irrigation.

Il n'y a donc pas de règlemens relatifs à leur usage ou à leur distribution.

Art. 663. — A défaut de convention entre les voisins, on exécute les dispositions de cet article, et on ne connaît pas ici d'usage contraire.

Art. 671. — Il en est de même pour les plantations des arbres à haute futaie et des arbres d'une autre nature et des haies vives. On se conforme aux dispositions de cet article, à défaut de règlement particulier ou d'usage reconnu qui indique à quelle distance de l'héritage du voisin ces plantations peuvent se faire.

Art. 674. — Dans les cas prévus par cet article, on a soin de s'entendre avec le voisin et de s'assurer si les constructions projetées peuvent lui porter préjudice; mais autrement, il n'y a ni règlement ni usage pour la distance et pour la forme des travaux dont parle cet article.

Art. 1736, 1738, 1753, 1758, 1759, 1777. — Il est essentiel de constater, d'abord, que les baux à loyer comme ceux à ferme commencent dans le canton de Saint-Palais le 11 novembre de chaque année; c'est là un usage constant, suivi dans toute la Basse-Navarre. Ils sont censés faits pour une année, s'il n'y a pas de stipulation pour un plus long terme.

Pour les époques des congés, il faut distinguer entre ces deux espèces de baux.

S'agit-il de location de maison sans fonds de terre, autres que les jardins, l'usage veut, dans notre contrée, que le congé se donne avant le dix ou le quinze août.

Est-il question de baux à ferme, ce même usage constamment observé exige que les congés soient donnés ou signifiés avant la Saint-Jean ou le 24 juin, malgré que l'article 1775 du code Napoléon porte que ces baux *écrits ou non écrits* cessent de plein droit à l'expiration du temps pour lequel ils sont censés faits, et ce, pour éviter de graves inconvénients qui se produisent quelquefois, lorsque le fermier sujet à expulsion fait sur le domaine rural de certains travaux qui n'appartiennent qu'au fermier entrant et qui, par le silence du propriétaire, font supposer son consentement à ce qu'il reste sur le bien, tandis qu'il n'en est pas ainsi.

Cette contradiction de la loi avec les faits qui doivent se produire est, en quelque sorte, prévue par l'article 1777 du code Napoléon.

Au surplus, l'usage suivi dans le canton exige que le fermier sortant ait terminé ses travaux pour le onze novembre, époque de l'expiration du bail, et que le fermier qui doit le remplacer ait le droit de faire les foins et les regains, de couper en outre les cimes de maïs, ainsi que les feuilles, et d'engranger le tout. Il profite d'ailleurs des pailles de froment que le fermier sortant doit laisser dans la métairie.

Il est, enfin, autorisé à sarcler le maïs au mois d'août ou de septembre, afin de préparer la terre pour la semence du froment. Du reste, l'usage veut aussi qu'à partir du vingt-cinq mars le fermier entrant soigne les clôtures et les prairies dans lesquelles le fermier sortant ne peut plus introduire son bétail, et ce, depuis la même époque.

Les sous-locations sont presque inconnues dans le canton. Quand il y en a, il est d'usage que le sous-locataire paye le prix de son loyer à la fin de l'année.

Art. 1754, 1755. — On ne connaît pas dans ce canton d'usage constant à l'égard des réparations qui seraient en dehors de celles prévues par les deux articles.

Loi des 28 septembre - 6 octobre 1791. — On ne connaît pas ici de règlement écrit qui régisse le glanage qui se tolère.

Quant au parcours et à la vaine pâture, ils s'exerçaient dans les communaux en toute liberté ; seulement, la fougère qui y croît ne peut être coupée avant la St-Michel, c'est-à-dire, le vingt-neuf septembre ; c'est un usage constamment observé ; mais depuis le partage qui s'en est opéré entre les communes intéressées, le mode de jouissance en est entièrement changé.

Loi du 14 floréal an XI. — On ne connait dans ce canton aucun usage ou règlement pour la direction des travaux de curage de canaux et rivières dont il est fait mention dans cette loi.

Canton de Tardets.

Membres de la Commission :

MM. Basterrèche, juge de paix, *président.*
Comte de Montréal, conseiller général.
J.-B. Darhan, notaire.
A. Duhalt, propriétaire.

Art. 590, 591, 592, 593. — Les dispositions de ces articles sont subordonnées aux usages de chaque pays, ou à la coutume des propriétaires. La commission doit d'abord faire observer que dans le canton de Tardets, où il n'y a aucun taillis d'exploitation régulière, il n'existe pas non plus de pépinière.

Les propriétés de ce canton ont ordinairement des arbres qui sont émondés à des époques périodiques, et des arbres de haute futaie. Les premiers fournissent aux propriétaires leur bois de chauffage et les matériaux nécessaires pour les clôtures, les seconds sont conservés pour les grosses réparations ou pour le commerce.

L'usufruitier exploite à volonté ceux qui s'émondent ; quant à ceux de haute futaie, il n'a droit qu'à leurs fruits ; il n'y porte point la hache ; et si la propriété a des vignes, l'usufruitier prend des échalas sur tous les arbres qui existent sur le domaine.

De sorte que les usages locaux autorisent l'usufruitier à exploiter à volonté les arbres qui s'émondaient à l'ouverture de l'usufruit ; il n'a droit qu'aux fruits de ceux de haute futaie, et il peut couper sur toute l'étendue de la propriété les échalas pour les vignes. Dans tous les autres cas, il doit se conformer aux dispositions des art. 590 à 593 du code Napoléon.

Art. 644, 645, 663, 671, 674. — Il n'existe dans le canton de Tardets aucun usage ni règlement particulier qui change les dispositions des cinq articles ci-dessus qui sont appliqués sans modification.

Art. 1736. — Les baux des maisons ou des biens ruraux qui ont lieu dans le sens de l'article 1736 du code Napoléon, verbalement, se font dans le canton de Tardets pour un an, à moins de conditions contraires. Ils commencent au 1er novembre pour finir en pareil jour l'année suivante ; mais dans ce cas, il faut qu'il y ait congé pris ou donné, pour les maisons, avant le 15 août, et pour les biens ruraux, avant le 24 juin. Passé ces délais, le bail est continué aux mêmes conditions, par tacite reconduction. Il ne prend fin qu'après congé pris ou donné aux époques ci-dessus fixées.

Le ministère d'huissier est rarement employé pour le congé qui, le plus souvent, est pris ou donné en présence de deux témoins.

Art. 1753. — Le sous-locataire n'est tenu à rien envers le propriétaire ; celui-ci n'a de droits à exercer que contre son locataire direct. Il n'existe pourtant pas des règlements ou usages qui modifient les dispositions de l'art. 1753 du code Napoléon sur les prix de sous-location à payer par les sous-locataires.

Art. 1758, 1759. — Les art. 1758 et 1759 applicables aux baux des appartements meublés, sont soumis aux mêmes usages que ceux des appartements non garnis. Ces baux sont censés faits pour l'année ; ils sont continués aux mêmes conditions, à moins de congé pris ou donné avant le 15 août.

Art. 1754, 1755. — Les usages locaux ne portent aucune

modification aux prescriptions des art. 1754 et 1755, relatifs aux réparations locatives. Les propriétaires soigneux font, dans quelques rares exceptions, contradictoirement avec le locataire, une constatation de l'état des choses louées, et dans ce cas, les dégradations, s'il en existe à la fin du bail, sont réparées par le locataire.

Art. 1777. — Les exploitations des domaines ruraux, soit qu'on traite avec un fermier ou un métayer, commencent généralement le 1er novembre et se terminent aussi à pareil jour. Si le fermier ou métayer entrant reçoit les fourrages de l'année faits et serrés, il doit les laisser de même en sortant, sans indemnité pour ceux qu'il a reçus en entrant ou ceux qu'il laisse en sortant. Il prend les pailles et fumiers qui se trouvent sur le domaine, en en prenant possesion, et il y laisse ceux qui y existent quand il le quitte.

Dans le plus grand nombre de cas, le fermier ou colon qui doit entrer en possession le 1er novembre, fait et engrange les fourrages de l'année, et il est dispensé de ce travail l'année de sa sortie.

A moins de conventions particulières, le fermier ou métayer doit mettre en défends, le 1er mars, les prairies qui d'habitude produisent les deux récoltes (foin et regain), et le 1er avril, celles qui ne donnent qu'une seule coupe. S'il a des bêtes ovines, elles paissent dans les prairies qui ne produisent qu'une récolte, jusqu'au 20 avril. Dans celles qui ne donnent pas de regain, le pâturage, après la récolte du foin, appartient au fermier ou métayer sortant, jusqu'au 1er novembre; dans les autres, il ne peut jouir du pâturage qu'après la coupe du regain. Il y a en outre, dans la généralité des domaines, une prairie désignée d'avance pour les agneaux; on les y tient jusqu'au 11 juin.

Toutes les contributions du domaine baillé sont ordinairement à la charge du fermier. Quant aux métayers, ils sont généralement tenus du paiement de l'imposition des portes et fenêtres. La moitié de l'impôt foncier seul est à la charge du bailleur.

En dehors des domaines ruraux complets, il y a dans ce canton des propriétés d'un second ordre qui sont plus particulièrement destinées à l'élève des bestiaux. Ces propriétés connues ici sous la dénomination de *bordars* sont toujours affermées. Leur bail

commence le 3 mai ; il finit en pareil jour. S'il est verbal, le congé
doit être pris ou donné avant le 3 février. On applique pour le
reste à ces propriétés d'un second ordre les mêmes lois, les
mêmes usages qu'aux domaines ruraux complets.

Il y a encore un autre genre de propriétés qui diffère de celles
du premier et du second ordre. Il est question ici de chalets, vul-
gairement appelés *cayolars*, situés sur les hautes montagnes. Ces
établissements où on monte vers les derniers jours d'avril pour
en descendre dans la première quinzaine de novembre, ne servent
qu'au logement des bergers préposés à la garde des bêtes à laine
et à la fabrication du fromage. Les propriétés de cette nature sont
occupées par plusieurs sociétaires qui en sont propriétaires par
titres qui leur concèdent ordinairement l'emplacement nécessaire
pour bâtir cabane, et une grande étendue de terrain pour le
parcours de leurs bêtes à laine qui ne doivent pas dépasser les
limites fixées par ces titres.

Les sociétaires de ces établissements règlent, chaque année, les
conditions de leur société. Dans ce règlement qui a lieu le 25
mars, ils fixent le nombre des brebis, des moutons et des agneaux
que chaque co-propriétaire pourra envoyer au *cayolar*, et l'époque à
laquelle ils devront tous s'y réunir. Ces conditions de société, quoiqu'en général verbales, sont néanmoins religieusement observées.

Les *cayolars* appartiennent aux personnes qui les exploitent en
commun. Ils n'en ont point cependant la propriété exclusive, puisque les bestiaux qui ne sont pas à garde faite, tels que les vaches,
les bœufs, les chevaux, les juments et les mulets des individus
qui font partie de la communauté de la Soule, peuvent pacager
en toute liberté sur toute l'étendue des montagnes.

Il existe d'ailleurs une commission syndicale pour les cantons
de Tardets, de Mauléon, et une partie de celui de St-Palais, qui
composaient l'ancienne Soule. Cette commission administre les re-
venus des montagnes qui sont communs à tous les habitants de
la Soule.

Loi des 28 septembre - 6 octobre 1791. — L'ancienne
coutume de Soule portait que, sur terrain non clos, ni cultivé,
ni labouré, on ne prescrivait jamais, n'importe la nature de l'acte
de possession qu'on y fit (art. 2. Titre des prescriptions). Le par-

cours, la vaine pâture et le glanage s'exerçaient réciproquement
sur toutes les propriétés non closes. Ces usages sont encore maintenus, surtout pour le parcours et la vaine pâture.

Loi du 14 floréal an XI. — Cette loi ne reçoit aucune
application dans le canton. Il n'y existe par conséquent aucun usage
qu'on puisse invoquer à ce sujet.

ARRONDISSEMENT DE BAYONNE.

Cantons de Bayonne (N.-E. et N.-O.).

Membres des Commissions :

MM. CASEBONNE, juge de paix, *président.*
SAUBOT-DAMBORGEZ.
LAFONT.
A. DÉTROYAT.
TH. MONDRAN.
DUBROCQ.
LAHIRIGOYEN-GARAT.
DOTÉZAC.

Les commissions établies dans les deux cantons de Bayonne
en vue de recueillir les usages locaux ont jugé plus utile de
se réunir que d'opérer séparément.

Toutes les communes qui forment ces deux cantons sont
régies, savoir : la ville, par une coutume particulière, et les
communes rurales par les coutumes de Labourd.

Art. 590, 593. — L'usage général est de couper les taillis de
chêne et de châtaignier tous les dix ans. Il y a peu de grandes forêts
appartenant à des particuliers. Elles sont cantonnées et forment pour
ces propriétaires des coupes réglées à faire successivement en quatre
ou cinq années, selon l'étendue de la forêt.

Les échalassières sont en bois de châtaignier. Les unes sont formées sur des souches rez terre, les autres sur du têtard à quatre mètres d'élévation.

Les produits destinés à des échalas pour des vignes se coupent à dix ans.

Mais les vignobles sont peu nombreux et ils nécessitent peu d'échalas.

Ces produits sont plus généralement consacrés à la formation de cercles de barrique ; alors ils se coupent à quatre et cinq ans. Plus tard, ils ne seraient pas assez flexibles pour recevoir cette destination.

Il n'y a pas d'autres pépinières que celles tenues par quatre ou cinq jardiniers pépiniéristes. Ils font des semis, soit en arbres fruitiers, soit en arbres de haute tige. Quand les tiges de ces semis sont un peu formées, on choisit celles d'une belle venue et on les transplante dans la pépinière proprement dite, pour remplacer les sujets qu'on en retire.

Quant aux propriétaires des métairies, ils renouvellent en général leurs arbres fruitiers par des écussons et des boutures, ainsi que par des plants pris chez des amis ou chez les pépiniéristes.

Ils font aussi des semis pour des arbres à haute tige, et ils les traitent comme les pépiniéristes.

Tous ces usages font la loi des usufruitiers, en les conférant aux articles 590 et 593 sus-indiqués.

Art. 644, 645. — L'usage est tout-à-fait conforme aux dispositions de ces articles.

Art. 663. — L'usage de la ville et faubourgs de Bayonne avait fixé l'élévation des murs de clôture comme l'a fait cet article.

Art. 671. — Sur la distance des plantations d'arbres, l'usage est conforme également aux prescriptions de l'article 671 avec les distinctions qu'il établit.

Art 1736. — Dans la ville de Bayonne, les locations sont annales lorsqu'il n'est pas établi qu'elles ont une durée plus longue ou moindre.

Si le preneur reste en possession après l'année, les parties peuvent se donner mutuellement congé à trois mois, à partir du jour du congé, sans égard à l'époque du payement du terme courant.

Art. 1738. — La possession qui se continue après l'expiration d'un bail écrit est considérée comme un bail verbal et donne lieu à l'application de la règle ci-dessus sur les congés.

D'après la coutume de Labourd, lorsqu'après un an le preneur resté en possession huit jours, sans qu'il intervienne une convention ou un avertissement qui mette fin au bail, il est maintenu pour une autre année aux conditions précédentes.

Art. 1753. — En matière de payemens anticipés des sous-locataires, aucun usage ni coutume n'a rien déterminé, et les règles posées par l'article 1753 du code Napoléon sont observées dans les deux cantons.

Art. 1758. — Il en est de même des dispositions de l'article 1758 à l'égard des locations d'appartements garnis.

Art. 1754. — L'usage a déterminé comme cet article les réparations locatives.

Art. 1777. — Il en est de même quant aux droits et aux obligations des colons et fermiers entrants et sortants.

Après avoir annoté en matière de location et de fermes les usages locaux maintenus par la loi, les commissions ont cru devoir, en raison de son importance, en faire remarquer un qui lui est contraire.

L'article 1774 dispose que le bail sans écrit d'un fonds rural est censé fait pour le temps nécessaire afin que le preneur recueille tous les fruits de l'héritage affermé, et l'article 1775 porte qu'en ce cas le bail *cesse de plein droit* à l'expiration du temps pour lequel il est censé fait selon l'article précédent.

Ces articles présentent une antinomie frappante avec l'article 1736 qui fait partie de la section intitulée *des règles communes aux baux des maisons et biens ruraux.*

Cet article impose, en effet, l'obligation de se donner mutuellement congé, tandis que les autres en dispensent formellement.

C'est en ce sens que les tribunaux les appliquent comme se trouvant sous la rubrique spéciale *des baux à ferme.*

Dans les deux cantons de Bayonne, les usages étaient que l'on devait réciproquement se donner congé, dans quelques communes à la Saint-Jean, et dans d'autres à la Notre-Dame d'août, pour avoir effet à la Saint-Martin.

Ces usages sont généralement observés encore dans les campagnes, malgré les dispositions du code et les décisions judiciaires.

Ils sont regardés en effet comme plus équitables, surtout pour les fermiers et les colons.

Les baux y sont rarement écrits et les parties ne songent jamais à déterminer leur durée, même verbalement.

Ainsi, les articles 1774 et 1775 y trouveraient de fréquentes applications et la conséquence en est que le colon est en droit de dire au maître, la veille de la Saint-Martin : *M*r, *je m'en vais demain*, et réciproquement le maître au colon : *mon ami, vous quitterez demain la métairie.*

La position respective des deux est fâcheuse, mais celle du colon l'est infiniment davantage, car il serait renvoyé avec la presque certitude de ne plus trouver à s'employer et d'être littéralement sur le carreau, tandis que le maître, s'il avait le désagrément de changer le mode de l'administration de son bien, trouverait au moins à le faire travailler par des journaliers.

Tout cela disparaîtrait en remettant en vigueur les usages locaux qui font encore loi dans l'opinion des propriétaires et des colons.

Loi du 28 septembre – 6 octobre 1791. — La coutume de Labourd contient des dispositions importantes sur la vaine pâture, l'affouage, le glandage et autres objets analogues.

On fait observer néanmoins qu'elle est muette sur ces divers droits à l'égard des particuliers entr'eux et qu'elle ne s'occupe que de ceux attribués aux habitants sur les biens communaux.

D'après elle, ils en jouissent par indivis ; chacun peut y tenir et faire paître son gros et menu bétail, y faire des cabanes, loges et clôtures, pour y retenir le bétail de nuit et de jour, excepté en temps de glandage. Le gland s'y partage en nature et dans la proportion des impôts et subsides qu'il paye.

Tout habitant a aussi le droit de prendre dans les forêts communales sa provision de bois de chauffage et même celui qui lui est nécessaire pour bâtir dans la commune, sans pouvoir en vendre ni disposer pour le dehors.

La servitude de parcours y est aussi admise de commune à commune, excepté depuis la Saint-Michel jusqu'à la Saint-Martin, et les habitans peuvent réciproquement y envoyer leurs troupeaux, mais sans pouvoir y établir ni cabanes, ni loges, ni feu ou gîte pour le pasteur.

L'article 2, titre 1er, section 4, de la loi du 28 septembre 1791 maintient textuellement ce droit de parcours, en considérant la coutume comme un titre. « Le droit de parcours, y est-il dit, qui » entraîne avec lui celui de vaine pâture, continuera provisoirement » d'avoir lieu, lorsqu'il sera établi par un titre ou sur une posses- » sion établie par les lois et les coutumes. »

Les articles 3, 4 et 5 donnent à tout propriétaire le droit de se clore et la clôture fait perdre ou suspendre, tant qu'elle dure, les droits de parcours et de vaine pâture.

On a vu qu'outre ces droits la coutume de Labourd donne aux habitans celui de prendre leur provision de bois de chauffage dans les forêts communales et même celui pour bâtir dans la commune.

Or, ces droits sont positivement maintenus par la loi municipale du 18 juillet 1837.

Cependant, l'article 17 de cette loi attribue aux conseils municipaux le droit de faire la répartition des coupes affouagères, à la charge de se conformer aux lois forestières. Ainsi, le droit conféré aux conseils municipaux se borne à peu près à dresser la liste des ayants droit, car les époques et les quotités des coupes sont réglées par l'administration forestière, en exécution des articles 103, 104 et 105 du code forestier.

La commission a cherché à avoir des renseignemens positifs sur ces divers points, mais elle n'en a reçu de la part des maires que d'incomplets, quelquefois de contradictoires. Il reste donc que la coutume est la loi commune et vivante en ce pays, quand il n'y a pas été dérogé légalement.

Loi du 14 floréal an XI. — La loi du 14 floréal an XI renvoie aux règlemens et usages locaux pour la direction des travaux relatifs au curage des canaux et rivières non navigables et à l'entretien des ouvrages d'art.

Il n'existe aucun usage sur ces objets dans les cantons. Il n'y a d'autres canaux que ceux appropriés aux moulins et usines. Dans les crues d'eau un peu fortes, les propriétés inférieures à ces usines sont plus ou moins endommagées, parce que la hauteur des déversoirs n'est pas suffisante et que les écluses sont en mauvais état d'entretien. Il est à désirer que l'administration exerce sa surveillance et son autorité sur ces objets.

Indépendamment de ces canaux, il existe dans la plupart des communes des terrains assez étendus connus sous le nom de *barthes* appartenant à un certain nombre de propriétaires, à chacun desquels un lot distinct est attribué.

La surveillance de ces *barthes* est exercée par deux syndics nommés par les co-propriétaires et approuvés par l'administration. Les obligations et attributions de tous sont réglées par des contrats.

Canton de Bidache.

Membres de la Commission :

MM. DABBADIE , juge de paix , *président*.
P. DURRUTHY.

Art. 590. — D'après l'usage le plus général , les coupes d'un bois taillis ont lieu tous les 9 ans.

Art. 593. — D'après l'usage , tout fermier ou usufruitier peut prendre, dans les bois de la propriété qu'il exploite, tous les chalas nécessaires aux vignes qui en font partie ; il peut, tous les 9 ans, couper les branches des arbres destinés à être émondés.

Art 645. — Pas d'usage particulier sur les cours d'eau ; on observe à ce sujet les règles tracées par le code.

Art. 663. — La hauteur des clôtures faisant séparation des maisons, cours et jardins, dans les bourgs et villes du canton, est de deux mètres ; dans la campagne, cette hauteur est de un mètre trente-trois centimètres.

Art 671. — Pour les distances relatives aux plantations des arbres et haies vives, elles sont les mêmes, d'après les usages, que celles fixées par cet article.

Pour les fossés, la loi ne fixe nulle part à quelle distance des propriétés voisines il faut les établir. La jurisprudence varie à ce sujet. Selon divers arrêts, cette distance devrait être égale à la profondeur du fossé. Selon les plus récents de la cour de cassation, on pourrait creuser un fossé sur la ligne séparative de deux héritages. D'après l'usage local, on ne peut le creuser qu'à une distance d'un pied, où trente-trois centimètres, de la propriété voisine, ce qu'on appelait anciennement pied sur bord.

Art. 674. — Celui qui veut construire un fossé d'aisance contre un mur mitoyen doit laisser un demi pied (16 centimètres) de vide et d'intervalle entre-deux du mur, ou faire un contre-mur contre le mur mitoyen d'un demi pied d'épaisseur.

Art. 1736. — Presque tous les biens qui ne sont pas travaillés directement par les propriétaires sont exploités par des métayers ; les fermiers sont très-rares , mais soit pour les uns, soit pour les autres, il suffit, d'après l'usage, que le congé soit donné le 15 août. Le congé est aussi donné à la même époque, même par les locataires, lorsqu'ils ont loué à l'année ; lorsque c'est au mois, cas très-rare, le congé est donné 15 jours à l'avance.

Art. 1754. — L'usage n'admet comme réparations locatives que celles indiquées dans cet article.

Art. 1758. — D'après l'usage des lieux, à défaut de preuves, la location est censée faite pour un an, qui, généralement, commence le 11 novembre et finit le 11 novembre suivant.

Art. 1777. — D'après l'usage, le métayer ou fermier entrant peut faire tous les travaux qui doivent être exécutés depuis le 15 août, pour certaines récoltes de l'année suivante, par exemple, pour les navets, les trèfles, etc. ; il peut engranger aussi les foins, les regains, pailles et fourrages de maïs, dans la métairie ou ferme où il va.

Le métayer ou fermier sortant emporte la paille du froment et la feuille ainsi que les cimes de maïs ; il doit laisser une quantité de fumier ou d'engrais égale à celle qu'il a trouvée ; s'il y a déficit, il le répare, suivant estimation ; s'il y a excédant, le propriétaire lui paye la moitié de la valeur de cet excédant, suivant estimation ; usage contraire à la loi , car les bestiaux appartiennent toujours ou à peu près au propriétaire, et, dans ce cas, suivant l'article

6

1824, le fumier n'est point dans les profits personnels des métayers ou fermiers.

Loi du 28 septembre - 6 octobre 1791. — Il n'existe

pas dans le canton des bois soumis au glanage. Le parcours n'existe pas non plus entre aucune des communes du canton. Pour la vaine pâture, elle est tolérée dans quelques plaines appelées *barthes*, mais la Cour a décidé qu'elle ne pouvait pas être autorisée par les usages ; par conséquent, pas d'usages à rappeler sur ces divers articles.

Canton d'Espelette.

Membres de la Commission :

MM. CASTELPERS, juge de paix, *président.*
DIHARASSABRY, conseiller général.
MIQUELEPERITZ, membre de la chambre d'agriculture.
DORCASBERRO, maire d'Itsatsou.
GALAN, greffier de la justice de paix.

Art. 590, 593. — Il n'y a guère d'aménagement et de coupes

réglées dans les bois taillis et de haute futaie que dans les communaux. Ils sont exploités tous les dix ou douze ans, selon le degré de fertilité du sol.

L'usufruitier doit les traiter en bon père de famille. Il ne peut couper au pied aucun arbre que pour réparations dont il est tenu, encore est-ce le propriétaire qui les choisit.

Il ne peut étêter les arbres de construction, mais il émonde vers l'âge de dix à douze ans ceux qui l'ont déjà été ou qui ne promettent pas de servir à cet usage.

Il n'a pas le droit de couper hâtivement et irrégulièrement les bois taillis. Cette exploitation n'est exécutable qu'à partir de la dixième année. Il n'y a d'exception à cette règle que pour les taillis en châtaignier qui s'exploitent de quatre à six ans pour faire des cercles. Il doit les éclaircir de manière à ne pas compromettre leur croissance, et dispose de tous les plants rabougris. Il a aussi la faculté de prendre dans les châtaigniers des échalas pour les vignes.

Les châtaigniers, hêtres, frênes et autres bois blancs sont dispensés de la règle de dix ans.

Art. 644, 645. — Quand les eaux courantes ou de source sont insuffisantes pour l'irrigation en même temps de deux propriétés riveraines, des conventions écrites ou des coutumes qui en tiennent lieu en règlent l'usage alternatif par jour ou par semaine.

La jouissance des ruisseaux est régie par les articles ci-contre.

Art. 663. — La hauteur des murs de séparation est en général d'environ un mètre quarante à soixante centimètres ; une plus grande élévation nuirait au voisin. Il n'y a ni usage ni coutume pour le contraindre à contribuer aux constructions et réparations séparatives.

Art. 671. — Il n'en existe pas non plus pour la distance à observer dans la plantation des arbres à haute tige, des autres arbres et haies vives ; l'on se conforme à cet égard aux dispositions du code Napoléon. A cette distance, la projection de l'ombre des arbres à haute tige devient dommageable à la propriété riveraine en état de culture. Si des deux côtés la plantation est simultanée, les deux premiers rangs se nuisent réciproquement.

Art. 674. — Il n'y a aucun règlement ni usage sur la distance à garder dans les constructions désignées dans cet article. Un esprit de justice et d'équité aplanit ordinairement les difficultés qui naissent de cette absence de règle.

Art. 1736. — Les maisons et les biens ruraux sont loués et affermés de la Saint-Martin à la Saint-Martin. Suivant une coutume immémoriale se référant à l'article 1736, le terme fatal des congés précède de trois mois l'expiration du bail des maisons et de six mois celui des biens ruraux, quand il n'y a pas bail écrit.

Une maison avec jardin ou terre, dont la contenance ne dépasse pas trente ares, n'est pas assimilée à un bien rural ; aussi le congé est-il donné trois mois à l'avance. La même règle régit les moulins à farine.

Presque tous ces congés sont donnés par deux voisins. Il conviendrait que, pour plus de garantie, ceux qui accomplissent cette mission fussent imposés à la contribution immobilière. Il est dans les vœux de la commission que cet usage immémorial et économique, qui n'est pas accueilli par les tribunaux, fût consacré par une disposition législative, et que dans l'intérêt de l'agriculture aucun congé ne pût être valablement donné après les délais qu'il fixe. L'exécution de la dispense de tout délai que les tribunaux admettent en principe, lorsque les fruits d'un bien rural se recueillent en entier dans l'année sur le fondement de l'article 1774 du code Napoléon, jette dans l'exploitation une fâcheuse perturbation qui préjudicie aux productions agricoles.

Art. 1753. — Cet article n'est jamais invoqué. Il y a très-peu de sous-locations, et même dans ces cas excessivement rares, le propriétaire réclame toujours au principal locataire le prix entier de la location.

Art. 1754, 1755. — L'usage met les réparations locatives à la charge des locataires, mais le silence des propriétaires les affranchit de la plus grande partie de ces obligations.

Art. 1758, 1759. — La coutume des lieux est conforme aux dispositions de ces articles. La durée du bail est celle du temps pour lequel le prix est fixé.

Art. 1777. — Il n'y a pour ainsi dire que des colons partiaires dans le canton. Excepté le fourrage dont profitent exclusivement ceux-ci moyennant une redevance annuelle en argent, toutes les récoltes sont partagées en nature entr'eux et les propriétaires. Indépendamment des facilités qu'aux termes de l'article 1777 le colon ou le fermier sortant laisse à son successeur pour les travaux préparatoires, la confection des clôtures et les soins à donner aux prairies, en échange de celles qu'il trouve pour la consommation des fourrages et pour les récoltes restant à faire, l'usage lui concède une partie des terres dont le blé vient d'être moissonné, pour la culture de la rave et de la farouche que l'on sème en août et septembre.

Presque tous les métayers sortants emportent la paille et les feuilles sèches du maïs qui n'ont pas été consommées, ainsi que l'excédant du fumier que le propriétaire peut cependant retenir sur estimation.

Mais la demande de cette indemnité soulève parfois des difficultés dont le juge de paix est saisi. En général, depuis quelque temps, dans le bail écrit ou verbal, le propriétaire fait réserve, sans paiement, de tous les engrais au profit des métayers entrants pour la bonification de la ferme.

Inspiré par un intérêt personnel et exclusif, le fermier sortant néglige l'amendement des terres pour faire argent du fumier. La commission estime qu'il devrait lui être formellement interdit d'enlever aucun engrais ni aucune espèce de paille de blé ou de maïs.

Loi des 28 septembre - 6 octobre 1791. — Les habitants de chaque commune jouissent du glanage et de la vaine pâture qui ne s'exerce que dans les terres vagues, sans partage ni compascuité avec les communes voisines. Profitant du droit que donne la loi, les communes, qui toutes n'avaient pas un égal avantage et la même utilité dans la réciprocité du parcours, se sont affranchies de cet usage.

Loi du 14 floréal an XI. — Il n'y a aucun règlement ni usage local sur le curage des canaux et les travaux des rivières non navigables.

Les communes d'Itsatsou et de Cambo, les seules que traverse la Nive, n'y ont jamais fait et n'y font aucun genre de travail.

Canton de Hasparren.

Membres de la Commission :

MM. HARRIAGUE, juge de paix, *président.*
HARRIAGUE, maire de Hasparren.
HARRIET, membre de la chambre d'agriculture.
DABBADIE, notaire.
LARRABURE, maire de Méharin.

Art. 590, 593. — Les terrains consacrés aux bois taillis et de haute futaie, offrant très-peu d'étendue dans le canton, on n'y observe ni aménagement ni coupes réglées ; l'usage des lieux

commande que l'usufruitier les traite en bon père de famille et qu'il
ne puisse couper au pied aucun arbre de haute tige ; si ce n'est
pour réparation dont il est tenu ; et même dans ce dernier cas, il doit,
selon la coutume locale, s'entendre avec le propriétaire et n'abattre
l'arbre qu'après lui en avoir demandé l'agrément et obtenu son
consentement.

Si les arbres de haute futaie ont été déjà étêtés précédemment
par le propriétaire, l'usufruitier peut continuer à les émonder lorsque
les branches auront atteint un certain degré de développement ; c'est
ordinairement vers l'âge de dix à douze ans , selon la nature plus
ou moins riche du sol forestier ; il peut cependant retrancher de
l'arbre dans tout les temps les branches qui meurent.

Il en est de même du bois taillis : l'usufruitier ne doit pas d'après
l'usage local compromettre l'avenir du bois par des coupes pré-
maturées ou trop hâtives ; il ne peut procéder à la coupe du taillis
qu'à la dixième ou douzième année de sa croissance, suivant encore
la force végétative du terrain sur lequel il repose. Il lui est permis
cependant par l'usage des lieux d'éclaircir le bois et même de
couper en tout temps les plants rabougris ou qui promettent le
moins.

Art. 644, 645. — Il existe souvent ou des règlements
locaux ou des conventions arrêtées entre particuliers qui s'opposent
au libre exercice du droit d'irrigation, ou du moins qui le modifient sensiblement ; on rencontre même des titres qui assurent la
jouissance exclusive des eaux à certains propriétaires, au détriment
de leurs voisins ; mais leur usage est réparti généralement entre
plusieurs part-prenants, de manière à ce que les co-partageants ne
puissent s'en servir qu'alternativement à des époques déterminées
et à des jours fixés par une coutume ancienne ou des règlements
écrits.

Art. 663, 671. — A défaut d'usage ou de coutumes établies
dans le canton concernant la hauteur des murs de séparation et
la distance à observer dans la plantation des arbres de haute tige,
ainsi que des autres arbres et haies vives, on se conforme aujourd'hui
dans la pratique aux dispositions du code.

Art 674. — Il n'existe pas non plus des règlements locaux

ou des usages particuliers sur la distance à garder dans les constructions susceptibles par leur nature de nuire au voisin. En l'absence de toute coutume établie, les voisins tâchent de s'entendre
entr'eux sur ces objets.

Art. 1736, 1738. — Comme les habitations se louent dans
le canton de la Saint-Martin à la Saint-Martin, du 11 novembre au
11 novembre suivant, l'usage des lieux fixe l'époque du congé dans
certaines communes au 15 août et dans d'autres au 8 septembre;
et d'après une coutume qui date de temps immémorial, le congé est
signifié verbalement par l'entremise de deux habitans recommandables de la localité, sans recourir nullement au ministère d'un
huissier.

Art. 1753. — Il est aussi d'un usage constant que le propriétaire s'adresse directement et uniquement au principal locataire pour
se faire payer du prix d'un loyer, et il n'y a pas d'exemple qu'en
aucun cas il ait eu recours au sous-locataire pour recouvrer le
montant de la location.

Art. 1758, 1759. — Chaque fois que le bail ne constate
pas tant par an, par mois, ou par jour, la location est censée
faite aussi pour l'année; il existe cependant une exception à l'égard
de la ferme des moulins à grains; d'après l'usage adopté dans le
canton, ces usines sont censées affermées pour une semaine, s'il
n'est autrement stipulé dans le bail, ou s'il n'y a clause contraire.

Art. 1754, 1755. — L'usage des lieux ne déroge pas non
plus aux articles 1754 et 1755 sur les réparations locatives ou de menu
entretien, en ce sens qu'il ne fait pas supporter au preneur aucune
réparation au delà de celles désignées pour telles par les articles
précités; il dispense même le locataire d'une partie de ces réparations.

Art. 1777. — Indépendamment des prescriptions de l'article
1777, également consacrées par l'usage des lieux, sur les obligations réciproques des fermiers entrants et sortants, il existe encore
dans le canton de Hasparren d'autres coutumes qui règlent de tout
temps les rapports entre métayers ou fermiers.

On compte très-peu de fermiers dans le pays; on n'y rencontre
pour ainsi dire que des métayers; la généralité des biens ruraux y

sont exploités à colons partiaires, c'est-à-dire de manière à partager tous les produits du domaine entre le colon et le propriétaire, et souvent en fixant la ferme des prairies en argent et en opérant le partage des autres récoltes en nature ; et comme les métayers ou fermiers changent de résidence à l'époque de la Saint-Martin, au 11 novembre, le délai fatal à observer pour les congés, quel que soit d'ailleurs le genre d'exploitation, est le 25 mars.

Dès ce jour-là, le métayer sortant ne doit plus toucher aux prairies; il en abandonne la jouissance et l'administration à son successeur, qui commence aussitôt à avoir soin des clôtures et à exécuter quelques ouvrages préparatoires, et entr'autres il y pratique des rigoles pour la conduite des eaux qui doivent servir aux irrigations, et au temps de la fenaison il transporte ses fourrages à la maison d'exploitation qu'il ne doit cependant habiter qu'à la Saint-Martin prochaine; le métayer sortant est aussi tenu de mettre à la disposition du métayer entrant son fenil, ou de lui fournir dans le même bâtiment un local où celui-ci puisse serrer commodément sa récolte de foin et de regain; il existe cependant une exception dans quelques communes du canton, où le métayer sortant jouit des herbes mortes jusqu'au 11 novembre, à l'exclusion néanmoins des récoltes de foin et de regain faites toujours par le métayer entrant.

Jusqu'ici et de temps immémorial le congé était signifié au métayer ou fermier, quelle que fut l'importance de son exploitation, de la même manière qu'aux locataires, c'est-à-dire par l'entremise de deux habitants recommandables de la commune, ainsi qu'il a été expliqué plus haut. La commission s'est assurée que quelques propriétaires, craignant sans doute qu'en cas de résistance de la part du métayer sortant, un congé ainsi notifié verbalement ne fût pas validé par les tribunaux, prennent la précaution de recourir aujourd'hui au ministère d'un huissier pour remplir cette formalité.

Il est encore d'usage que le métayer qui ne doit sortir néanmoins qu'à la Saint-Martin, laisse par anticipation, à la disposition de son successeur, le champ d'où il vient d'enlever la récolte de froment, afin que le métayer entrant puisse, par un labour entrepris aussitôt, préparer la terre pour la culture de la rave que l'on sème à la première quinzaine du mois d'août.

Il est aussi de coutume que le fumier qui a été confectionné à la métairie à l'aide des produits de l'exploitation, soit répandu et consommé dans les terres qui en dépendent, et si au moment de la sortie du métayer il y a un excédent d'engrais, que le métayer entrant en profite sans payer aucune indemnité à celui auquel il succède.

Il est encore reçu par l'usage local que le métayer sortant emporte avec lui toute la paille qui lui reste de sa part de froment, ainsi que les feuilles sèches de maïs qui n'ont pas été consommées jusqu'alors; mais il est tenu de faire manger à son bétail, verte ou séchée, pour la bonification des terres de la métairie qu'il quitte, sans pouvoir l'enlever ailleurs, la cime de la même plante du maïs.

Loi du 28 septembre - 6 octobre 1791. — On ne connaît dans le canton aucun usage ou coutume sur le glanage, la vaine pâture et le parcours, et s'il en a jamais existé, ils sont tombés en désuétude et ont cessé d'être observés ; car chaque commune en particulier peut interdire aujourd'hui sur son territoire l'exercice de ces divers droits à son voisin.

Loi du 14 floréal an XI. — Il en est de même de la loi du 14 floréal an 11, relative au curage des canaux et rivières non navigables. La commission s'est convaincue que l'on ne rencontre ni d'anciens règlements, ni d'usages locaux, sur la direction à donner aux travaux qui se rapportent à cette opération, ou qui pourraient avoir pour objet l'entretien des ouvrages d'art qui y correspondent.

Canton de Labastide-Clairence

Membres de la Commission :

MM. DARRIEUX-JUSON , juge de paix, *président.*
HUBERT DE MARIGNAN , propriétaire à Urt.
BARDEWISCH , membre de la chambre d'agriculture.
DASCONAGUERRE , notaire.
LARDAPIDE , maire d'Ayherre.

Art. 590, 593. — Pour l'usufruit des bois, en ce qui concerne le colonnage, l'usage est que le maître, lorsqu'il prend un métayer,

lui donne la dépouille des haies, moyennant qu'il les entretienne,
et si ces dépouilles ne suffisent pas à son chauffage, il lui permet
de prendre le surplus dans ses bois et taillis, en les éclaircissant
et les aménageant en bon père de famille, sans qu'il lui soit loisible
de couper du gros bois.

Art. 644, 645, 663, 671, 674. — Pour l'usage des eaux
courantes, l'usufruit des bois en général, la hauteur des clôtures,
les distances à garder entre les héritages pour les plantations d'arbres à haute tige, les constructions susceptibles par leur nature
de nuire aux voisins, il n'y a point d'usages locaux ; on s'en réfère
toujours à cet égard aux articles du code.

**Art. 1736, 1738, 1753, 1758, 1759, 1754, 1755,
1777.** — Quant aux délais à observer pour les congés des métayers, il est d'usage ici qu'on donne le congé à la Saint-Jean,
afin que le métayer entrant puisse faire la récolte du foin et
du regain de la métairie qu'il prend.

Il faut faire observer, néanmoins, que lorsque le métayer ne jouit
pas du foin et du regain, lors de son entrée, il a la faculté de
les emporter en sortant, mais qu'il n'en est pas moins obligé pour
cela de nourrir le bétail attaché à la métairie en bon père de famille
jusqu'au moment de la sortie, c'est-à-dire jusqu'à la Saint-Martin.

Mais hors ce cas, il ne doit pas y toucher, et jouit seulement
des herbes mortes qui ne doivent être consommées que par le
bétail attaché à la métairie (qui est ordinairement en cheptel, à
moitié avec le maître); il lui est absolument défendu d'y tenir d'autre
bétail, soit à autrui, soit appartenant à lui seul, sans la permission
dudit maître.

Il est aussi d'usage que lorsqu'un métayer doit sortir d'une métairie,
il permette, bien avant sa sortie, à celui qui doit le remplacer
d'ensemencer le navet en temps utile (ordinairement au mois d'août)
et il a, en conséquence, le même privilége à son tour dans la
métairie où il va.

Il est encore d'usage que, d'un commun accord, le maître et
le métayer vendent la plus grande partie du bétail, après que
les maïs sont ensemencés, afin de conserver les foins pour le métayer
qui doit venir.

Lorsque le maître et le métayer font, à frais communs, une fournée de chaux, il est d'usage que si le métayer prend lui-même son congé, il perd tous ses droits au bénéfice que les terres chaulées par lui peuvent produire pendant les années qui suivent son départ;

Et que si, au contraire, le congé lui est donné par le maître, celui-ci est tenu de l'indemniser de la bonification produite dans ces terres par ladite chaux pendant les années où il n'en jouira pas, et ce, dans la proportion toujours décroissante des années qui restent à courir; cette estimation se fait par experts.

On estime généralement que les effets du chaulage se font ressentir pendant cinq ou six ans, mais en s'amoindrissant chaque année.

Les congés des locataires se donnent ici le quinze août; s'ils ont sous-loué, ils répondent envers le bailleur de la location entière et ils ont ensuite leur recours contre le sous-locataire pour obtenir le montant de la sous-location.

Lorsqu'on loue une maison, un appartement, le bailleur les délivre en bon et passable état et les locataires doivent les remettre en sortant dans l'état où on les leur a livrés.

On ne loue plus ordinairement dans nos communes rurales que verbalement et par année.

Les congés, jusqu'à présent, se sont donnés aux métayers et aux locataires tout simplement par deux témoins; mais à raison des discussions croissantes qui s'élèvent à ce sujet, par suite des avis de quelques conseillers de mauvais aloi qui tuent la bonne foi de nos campagnards, on commence à être forcé de les donner par huissier et on finira bientôt par ne pouvoir plus faire autrement.

Loi des 28 septembre – 6 octobre 1791. — Il n'y a pas

de coutume pour ce qui concerne le glanage et la vaine pâture; le parcours est libre dans chaque commune seulement; mais cette servitude de paroisse à paroisse n'est fondée sur aucun titre ni sur aucune possession autorisée par l'usage.

Canton de Saint-Jean-de-Luz.

Membres de la Commission :

MM. HARAMBOURE, juge de paix, *président.*
ANTOINE D'ABBADIE, d'Arrast.
ALEX. DE LARRALDE-DIUSTÉGUY, conseiller général.
PETIT père, membre de la chambre d'agriculture.
PETIT, notaire.

Art. 590, 593. — En général dans le canton, soit les hauts taillis (arbres tétards que l'on émonde), soit les taillis proprement dits et les échalassières, se coupent tous les dix ans révolus.

Par exception, et dans les mauvais terrains, les coupes ne se font qu'après la douzième sève.

Art. 644, 645. — Il n'existe dans le canton de Saint-Jean-de-Luz aucun usage ni aucun règlement sur les eaux.

Art. 663. — Même observation quant à la hauteur des clôtures dans les villes et faubourgs.

Il en est autrement pour les clôtures des champs.

Dans l'usage, à peu près absolu, les clôtures sont des haies vives, placées au dessus de baradeaux qui ont, du côté extérieur où se trouve le fossé, une hauteur d'environ 2 mètres, à partir du fond de celui-ci. Le baradeau se compose : 1° d'un fossé de 60 c. de profondeur et de 45 c. de largeur au fond, et de 1 m. à la partie supérieure ; 2° du rejet de terres retenues du côté du fossé par un véritable mur de gazons posés l'herbe en bas, les racines en haut ; au dessous des deux ou trois rangées supérieures de ces gazons, on place les plants d'aubépine, et on jette de la terre sur le tout ; ce qui forme une espèce de rempart d'environ 1 m. 30 d'épaisseur au pied, et d'environ 70 c. à la partie supérieure.

Le libre parcours qui existe dans les communes oblige d'entretenir en bon état toutes les clôtures extérieures, c'est-à-dire celles qui bordent les chemins et les communaux.

Les clôtures intérieures, c'est-à-dire celles qui divisent les propriétés particulières entre elles, ou même les pièces appartenant au même propriétaire, ne sont pas toutes comme celles qu'on vient de désigner. Le plus souvent elles se composent d'une simple haie d'aubépines, de ronces ou d'aubiers d'une hauteur moyenne de 1 m. 40. c.

Art. 671. — On suit les prescriptions du code.

Art. 674. — Pas d'usage à ce relatif dans ce canton.

Art. 1736, 1753, 1758, 1759. — Dans le canton, soit dans la population agglomérée, soit à la campagne, la généralité des habitants étant propriétaires ou métayers, il y a peu de locataires, encore moins de sous-locataires, et, partant, rien qui puisse être considéré comme usage général et constant sur ces matières.

Cependant, on considère les locations comme annuelles, et on exige les congés à trois mois, avec tacite reconduction pour une nouvelle année.

Quoique le code Napoléon ne parle point d'usages locaux pour les congés ruraux, il est d'une importance essentielle, dans un pays où le métayage est encore le mode, à peu près unique, de la culture des terres non personnellement exploitées par les propriétaires, de maintenir et de consacrer les usages si simples, si équitables, si anciens qui règlent les rapports des propriétaires du sol et du métayer qui le travaille, règles qui, pour mieux dire, forment l'essence du contrat qui les lie.

Ces règles, les voici :

Le contrat est illimité quant à la durée ; l'entrée en possession doit toujours commencer le 11 novembre (jour de la Saint-Martin), et cette possession ne peut cesser que le 11 novembre.

Il y a faculté réciproque de rompre le contrat pourvu que celui qui veut le rompre prévienne l'autre partie avant le 24 juin, jour de la Saint-Jean, avant midi.

Cette volonté de rompre ou congé, si l'on veut, doit être manifestée sans forme judiciaire, par l'intermédiaire de deux voisins, hommes de bien.

Il y a obligation, pour le métayer sortant, de laisser faire au métayer entrant les travaux préparatoires pour l'année suivante, semer les raves, fenugrec et farouche ; de lui abandonner les locaux nécessaires pour loger les pailles, fourrages et quelques outils aratoires.

Le métayer sortant est obligé d'indiquer au métayer entrant les bornes du terrain communal affecté ordinairement, mais pas toujours, à chaque métairie.

Le fumier est partagé entre le propriétaire et le métayer par égales portions ; mais celui-là a la faculté de garder la portion du métayer en la payant au prix d'estimation. Il faut expliquer que le fumier ainsi partagé est celui fait depuis le 24 juin jusqu'au 11 novembre, jour de la sortie, tous les fumiers faits antérieurement étant acquis à la propriété et devant être déposés sur les champs.

Les herbes marines, varechs et autres, apportées par la mer sur la plage, font un fumier important. Elles n'arrivent ordinairement que pendant ou après une grosse mer. Chaque voisin de la côte s'empresse alors de ramasser le plus qu'il peut de ces herbes qu'il dépose en tas sur le rivage pour le transporter plus tard sur ses terres. Il est bien entendu que chaque tas est une propriété particulière à celui qui l'a formé.

Le chaulage des terres ayant lieu ordinairement au moyen de la chaux faite par le métayer et à moitié frais avec le propriétaire, si ce dernier congédie son métayer avant l'expiration du temps nécessaire pour profiter de cette bonification, qui dure quatre et cinq ans, suivant les localités, il est dû une indemnité au métayer sortant, pour la non jouissance d'une amélioration à laquelle il a concouru.

Le pacage, sur toutes les terres qui doivent être ensemencées en maïs, appartient au propriétaire à partir de Noël jusqu'à l'époque à laquelle cette céréale doit être confiée à la terre.

Le métayage existe depuis des milliers d'années. Ce mode de culture, le plus avantageux sous le rapport social par les relations qu'il établit entre le propriétaire du sol et celui qui le cultive, était adopté dans les 2/3 de l'Europe méridionale. Il s'est conservé, sans modifications sensibles, dans nos contrées, et les habitudes l'ont emporté même sur les prescriptions du code, car la preuve testimoniale par les deux voisins, pour la rupture du contrat en congé, est journellement admise.

Une récente innovation dans la jurisprudence du tribunal de Bayonne, qui tend à permettre d'expulser le métayer même en le prévenant seulement la veille du 11 novembre, s'il ne justifie pas que le propriétaire lui a laissé faire les travaux préparatoires pour

l'année suivante, est encore peu connue dans le pays, et il serait
déplorable qu'elle prévalût ; car, outre qu'elle est fondée sur une
base fausse (la supposition que le métayer n'est entré que pour
récolter les fruits d'une seule année), qu'elle contrarie l'essence du
contrat dont la durée est illimitée dans la pensée des contractants,
elle serait la source de procès nombreux entraînant des enquêtes
et des appréciations pour savoir s'il y a eu des travaux faits pour
l'année suivante, s'ils l'ont été au vu et au su du propriétaire, avec ou
sans son consentement, malgré lui ou contre ses ordres, etc., et que,
enfin, elle serait contraire aux lois de l'humanité qui ne peuvent
pas permettre que l'on jette sur la voie publique, du jour au len-
demain, toute une famille de laboureur, avec ses bestiaux, ses fourrages et ses instruments aratoires, à une époque où, dans tout
le pays, elle ne trouverait pas une métairie vacante ; elle serait funeste
au propriétaire, qui pourrait également se trouver pris au dépourvu
avec sa terre abandonnée à l'improviste et sans bras pour la cultiver.

Cette innovation est impie; on ne saurait trouver | Opinion de M.
un mot assez fort pour la qualifier. Il est de notoriété | d'Abbadie, l'un
publique qu'un métayer entrant n'entend sortir que le | des membres de
jour de la Saint-Martin. Juger le contraire, c'est annuler | la commission.
le plus beau contrat du monde, le contrat de bonne foi. |

Il faut le proclamer bien haut, cette jurisprudence nouvelle serait une
véritable perturbation dans les usages et habitudes séculaires de nos
populations.

Art. 1754, 1755. — Pas d'usage dans le canton.

Art. 1777. — On a déjà vu que la terre était presque exclusivement cultivée par des métayers. Il n'y a et il ne peut y avoir
d'usages généraux dans le pays pour réglementer un contrat qui
y est, si ce n'est inconnu, du moins très-exceptionnellement employé.

Dans les cas très-rares des baux à ferme, les conventions des
parties règlent leurs droits, et dans l'absence de ces conventions ou
de leur non constatation, on tranche les difficultés par l'équité.

Loi des 28 septembre – 6 octobre 1791. — Dans le
canton de Saint-Jean-de-Luz, il n'existe aucune servitude de ce genre
de propriété privée à propriété privée close. Le parcours et la vaine
pâture sur tous les terrains communaux ouverts sont libres pour

tous, soit propriétaire, soit métayer, soit colon, soit prolétaire; mais ces terrains communaux sont loin de pouvoir être classés tous dans la même catégorie.

Une partie de ces terrains a été partagée, à une époque qui se perd dans la nuit des temps, entre les propriétaires, et affectée à chaque propriété pour fournir à celle-ci les essences végétales indispensables à la confection des engrais et fumiers.

Chaque propriétaire jouit privativement de la portion affectée à sa propriété pour la coupe au pied de toutes les essences végétales qui y croissent; les arbres qu'il y plante sont sa propriété exclusive; il a presque tous les droits du propriétaire incommutable. Il ne peut être dépossédé, mais il ne peut clore qu'avec l'autorisation de la commune et en payant à celle-ci une somme fixe par mesure déterminée, invariable partout et pour tous, et qui peut être évaluée à la moitié à peu près de la valeur des landes ouvertes, entièrement libres entre les mains de la commune.

Outre ces droits de la commune d'empêcher la clôture et de recevoir un prix pour l'autoriser, tous les habitants de celle-ci ont la faculté de laisser et faire vaguer en tout temps, à toute heure, sur ces terrains, tous leurs bestiaux, de quelque nature, grandeur ou race qu'ils soient.

De plus encore, ces mêmes habitants, toujours sans distinction de leur qualité, ont le droit d'écimer à la faucille, pour la nourriture des bestiaux, les genêts épineux.

Une délibération du Conseil municipal de la commune d'Urrugne, motivée par les fréquentes discussions que l'existence de ce droit d'écimage entraînait, et prise à la suite d'une collision sanglante, interdit l'usage de ce droit aux habitants, il y a environ dix-huit ans; et depuis lors, dans la commune d'Urrugne, ce droit d'écimage n'est plus exercé.

Outre les terrains communaux attribués aux particuliers, il y en a d'autres qui n'ont jamais été partagés, qui sont jouis en commun, les premiers arrivants coupant les essences végétales propres aux engrais.

Il y en a d'autres où des particuliers ont planté des arbres qui sont leur propriété exclusive : le sol est communal, et les essences végétales sont affectées aux propriétés d'autres particuliers.

Enfin, il y en a d'autres dans lesquels sol et arbres plantés ou venus naturellement appartiennent à la commune, et les menues essences végétales à des particuliers.

Même diversité, même chaos pour l'assiette de l'impôt dû pour ces terrains. Ici, on l'a laissé à la charge de la commune; là, à la charge de celui qui jouit des essences végétales; plus loin, à la charge des propriétaires des arbres.

Le mélange des populations, l'arrivée dans le pays de propriétaires venant de localités où rien de semblable n'existe, l'intérêt privé, la non connaissance de cet état de choses par les administrateurs supérieurs, ont déjà eu de funestes résultats pour les intérêts et la propriété des communes.

C'est une raison de plus pour constater, d'une manière authentique et solennelle, ces règles, ces usages, ces véritables modifications de la propriété communale, pour qu'on ne puisse pas abuser, contre les communes, de faits de possession qui, partout ailleurs, feraient ou pourraient faire présumer le droit de propriété, et qui ici sont si distincts du droit de propriété, que loin d'en découler ou de la présupposer, ces faits se rapportent à des démembrements de la propriété, si l'on veut, mais laissent celle-ci, quant aux droits sur le sol, intacte entre les mains des communes.

La règle générale, absolue avant 89, était que tout terrain ouvert *était par cela seul* communal, et qu'on ne pouvait opposer à la commune aucun titre qui ne fût directement émané d'elle.

La raison en était simple; c'est que, dans la pratique générale, les terrains de la première catégorie (ceux privativement jouis pour les essences végétales) étaient donnés, cédés, vendus, changés entre particuliers, soit avec les propriétaires auxquels ils avaient été originairement affectés, soit séparément, sans que ces aliénations créassent aucun droit de plus en faveur des particuliers, ni modifiassent ceux des communes qui restaient entièrement étrangères à toutes ces aliénations, et dont les droits n'étaient et ne pouvaient être modifiés que par une clôture, puisque la clôture seule annonçait la volonté de faire quelque chose de contraire aux droits de la commune, qui n'aliénait d'ailleurs, quand elle aliénait, qu'à la condition de clore.

Du reste, le mieux serait de prendre quelque mesure administrative générale pour constater régulièrement les droits de chacun,

7

ou bien de faire cesser, en respectant les droits de tous, cet état de choses.

Usage particulier. — Dans tout le canton, la vente d'une maison comprend de droit une place qui est affectée dans l'église aux femmes de cette maison.

Loi du 14 floréal an XI. — Il n'y a dans le canton ni règlement ni usage relatif à ces matières, sauf ce qui concerne les *joncaux* objet de la donation faite par Louis XIV aux habitants de Hendaye, et à l'égard desquels il existe des usages et un règlement tout spéciaux.

Canton d'Ustarits.

Membres de la Commission :

MM. le Comte GABAT, maire d'Ustarits.
DASSANCE, notaire.

Renseignements généraux fournis par la Commission :

Les membres de l'assemblée se sont accordés à reconnaître que les usages du pays de Labourd ont été entièrement abandonnés dans le canton d'Ustarits, et que tout s'y règle conformément au code Napoléon, qui, depuis sa promulgation, est devenu la règle unique.

Toutes les propriétés bâties du canton ont un jardin attenant, en sorte qu'elles sont, quant à la location, considérées comme propriétés rurales, à l'égard desquelles les usages locaux ne sont pas reconnus par la loi.

ARRONDISSEMENT D'ORTHEZ.

Canton d'Arthez.

Membres de la Commission :

MM. Dufourcq, juge de paix, *président.*
Larrabure, membre de la chambre d'agriculture.
Lestapis, conseiller général.
Balagué, percepteur.
Fourticot, notaire.

Art. 590. — Il n'y a dans le canton ni pépinière ni taillis régulièrement aménagés. Il ne saurait donc y avoir d'usage local à ce sujet.

Art. 593. — D'après l'usage du canton, l'usufruitier profite comme le propriétaire de tout ce qui est considéré comme revenu annuel ou périodique, à la seule condition de ne pas dégrader et de jouir en bon père de famille.

Art. 644, 645. — L'usage du canton est en tout conforme aux dispositions des articles 644 et 645.

Art. 663. — Il n'y a dans le canton que la ville d'Arthez, laquelle n'a pas 50,000 âmes. D'après l'usage, la hauteur des clôtures est de 2 m. 50c.

Art. 671. — D'après l'usage du canton, les haies étaient plantées sur la ligne séparative, ou immédiatement à côté de la borne ; quand aux arbres de haute tige, ils étaient également plantés à une faible distance de la ligne séparative, à 0 m. 50 c. ou 0 m. 60 c. Cette circonstance se remarque dans toutes les plantations antérieures au code Napoléon.

Art. 674. — D'après l'usage du canton, il n'est laissé aucune distance intermédiaire. Celui qui établit les ouvrages ou magasins prévus par l'article 674, doit faire les ouvrages préservatifs de tout dommage pour le voisin.

Art. 1736, 1738. — D'après l'usage, le délai est de trois mois.

Art. 1753. — Les sous-locations sont trop rares dans le canton pour qu'on puisse constater un usage relativement aux paiements faits par le sous-locataire.

Art. 1758. — Même observation que sur l'article 1753.

Art. 1759. — D'après l'usage du canton, le terme pour les locations est d'un an; pour les congés, ce délai est de 3 mois.

Art. 1754, 1755. — L'usage est en tout conforme aux dispositions de ces articles.

Art. 1777. — D'après l'usage, le fermier sortant n'est tenu à rien envers son successeur, et réciproquement pour le fermier entrant.

Le fermier n'a d'obligation qu'envers le propriétaire qui lui afferme.

Loi du 28 septembre - 6 octobre 1791. — La vaine pâture s'exerce par tolérance sur les fonds en friche non cultivés et non clos.

Le glanage est également toléré dans les terres non closes après l'entier enlèvement de la récolte.

Loi du 14 floréal an XI. — Il n'existe dans le canton aucun usage reconnu sur cette matière.

Canton d'Arzacq.

Membres de la Commission :

MM. CASTETBERT, juge de paix, *président.*
le Vte de NAYS, membre de la chambre d'agriculture.
le baron de TRUBESSÉ.
BOULIN, notaire.
LASMARRIGUES.

Renseignements généraux fournis par la Commission.

La commission estime que c'est à peine si dans ce canton il existe un seul usage de ce genre ; que les dispositions législatives, dont l'application est subordonnée à l'absence d'usages locaux, de coutumes, de règlements anciens, de règlements particuliers, sont toutes appliquées, à l'exception tout au plus de ce qui regarde les congés pour baux à loyer et pour baux à ferme ou colonage, et qu'à cet égard il est assez généralement admis dans ce canton qu'il doit être donné congé trois mois à l'avance pour les baux à loyer presque tous faits à l'année, et à la Saint-Jean pour les baux à ferme ou colonage, commençant et finissant ordinairement à la Toussaint.

Canton de Lagor.

Membres de la Commission :

MM. BARADIU, juge de paix, *président.*
Le comte de BARBOTAN, conseiller général.
GASCOUIN, ancien maire de Maslacq.
DUBOIS, notaire.

Art. 590, 593. — Les bois taillis tendent sensiblement à disparaître dans le canton. Pour le peu qui en reste, il n'y a rien de régulier dans les coupes, qui sont généralement faites selon les besoins des propriétaires. Cependant, c'est à peu près de 6 à 10 ans qu'on coupe les taillis suivant la nature du terrain. Pour les coupes de chênes blancs, on attend de 12 à 15 ans.

Art. 644, 645. — Il n'y a ni usages ni règlements connus quant à la jouissance des eaux courantes. Le droit résultant de l'article 644 est généralement négligé, faute d'industrie, et donne lieu quelquefois à des contestations entre les propriétaires riverains, lesquelles sont toujours vidées par la justice.

Art. 663. — C'est le code qui est généralement suivi ; s'il y a eu d'autres usages à cet égard, ils sont aujourd'hui inconnus.

Art. 671. — On ne connaît d'autre règle que celle du code.

Art. 674. — Cet article n'a pas pour ainsi dire d'application dans le canton. Il n'y a guère de murs de séparation pour les propriétés. Ainsi, aucun usage n'est connu.

Art. 1736. — Il est d'usage de signifier le congé trois mois avant l'expiration du bail. C'est d'ordinaire avant le premier août, les baux commençant le premier novembre.

Art. 1753. — Les fermages se paient généralement par année et les loyers de six en six mois, terme échu.

Art. 1754, 1755. — On suit ces articles du code.

Art. 1758, 1759. — La durée des baux est en général d'une année.

Art. 1777. — Il n'y a guère de baux à ferme dans ce canton.

Le seul usage connu est, à l'égard des colons partiaires, que le colon sortant laisse à celui qui doit entrer toutes les facilités, depuis l'enlèvement des récoltes, pour travailler, préparer et ensemencer les terres, et notamment pour planter des choux au jardin.

Loi des 28 septembre — 6 octobre 1791. — Il n'y a plus à proprement parler de servitude de parcours.

La vaine pâture existe dans certains villages de la plaine. Quelques-uns s'en sont affranchis et il serait bien à désirer que tous en fissent de même ou mieux encore qu'on supprimât ce droit.

Où il existe, on l'exerce depuis que la récolte du froment est enlevée jusqu'à ce qu'on laboure les terres pour le maïs.

L'usage de racler et grapiller a disparu, s'il exista quelquefois.

Le glanage a aussi, peut-on dire, cessé. Cependant, on le tolère encore après la récolte du maïs dans certaines parties des plaines ouvertes.

Loi du 14 floréal an XI. — Il n'y a ni anciens règlements ni usages locaux sur la direction des travaux de curage des canaux et des rivières non navigables.

Canton de Navarrenx.

Membres de la Commission :

MM. Roby, juge de paix, *président.*
O'Quin, conseiller général.
Chambon, maire de Méritein.
Labourdette, notaire.
Lacrouts, maire de Navarrenx.

Art. 590. — Il existe dans le canton des bois en nature de haut et bas-taillis qu'on aménage et qu'on ne coupe, pour en convertir le produit en fagots, qu'après une croissance de dix années. Voilà la règle de l'usage à laquelle cependant il y a une exception : cette exception consiste, pour les propriétaires, colons ou fermiers, à couper tous les six ans les croissances des taillis qui servent de clôture aux héritages, de même que les branches provenant des chênes têtards ou haut-taillis qui se trouvent au milieu de ces clôtures. Quant au second paragraphe de ce même article, le canton ne comporte aucun usage à cet égard.

Art. 668. — L'article 668 du code porte que le fossé est censé appartenir exclusivement à celui du côté duquel le rejet se trouve. Il arrive souvent que dans la plupart des héritages qui sont clos par ce genre de fermeture, le fossé d'où est sorti le rejet vient à se combler par des dépôts et des atterrissements occasionnés par les eaux; il forme ainsi un tout avec l'héritage voisin. En l'absence de bornes ou de titres contraires, l'usage veut que le propriétaire du terrain qui a reçu le rejet et qui est en même temps propriétaire du fossé, puisse donner à ce fossé une ouverture de la largeur de 94 et 1/2 centimètres (4 empans).

Art. 671. — Les haies vives qui divisent les héritages se plantent à 33 centimètres (un pied) du fonds du voisin. Quant aux arbres à haute tige, ils doivent avoir une distance de 166 centimètres (cinq pieds) de la ligne démarcative des deux héritages ; et contrairement au droit écrit, l'usage veut que lorsque ces arbres sont plantés à une moindre distance, et que le droit de les faire arracher est prescrit, le propriétaire qui souffre de leur voisinage ait non-seulement la faculté de faire couper les branches qui tombent sur son terrain, mais bien de faire émonder ou étêter lesdits arbres à une hauteur qui ne peut jamais dépasser 5 mètres (15 pieds).

Art. 1736 à 1739. — En règle générale, les baux à ferme, à loyer et à colonage commencent et finissent le premier novembre de chaque année. Quand ces baux ne sont pas écrits, le propriétaire qui veut changer son fermier, locataire ou colon, doit lui en donner l'avertissement trois mois à l'avance et par ministère d'huissier. Il en est de même de ceux-ci quand ils veulent quitter ; ils doivent avertir leurs propriétaires dans le même délai et aussi par ministère d'huissier. Il est rare que des loyers se fassent pour moins d'une année ; ils n'ont ordinairement lieu qu'entre propriétaires du pays et étrangers ; mais alors, et quand la location est faite pour moins d'une année, le congé devient inutile. A moins de stipulations contraires écrites ou verbales, les baux à prix d'argent se payent à la fin de chaque année ou à la fin de chaque échéance quand le bail a été consenti pour moins d'une année.

Loi des 28 septembre - 6 octobre 1791. — Le glanage, la vaine pâture et le parcours sont soumis au bon vouloir des maires. Ces dispositions sont du reste aujourd'hui presque inapplicables. Ainsi, le glanage n'existe plus ou presque pas ; le parcours est de fait aboli, car chaque commune pacage chez elle ; la vaine pâture arrivera à subir le même sort, soit par la faculté qu'ont les propriétaires de se clore, soit par l'ensemencement en prairies artificielles de leurs terres arables de la plaine, en exonérant ainsi du vain pâturage et les parties closes et les parties ensemencées. La commission reconnaît donc que dans le plus grand nombre des communes du canton, la vaine pâture ne profite ordinairement qu'aux grands propriétaires qui, ayant soustrait par clôture et ensemencement leurs terres du pacage général, vont néanmoins faire pacager leurs bestiaux sur les terres des petits laboureurs qui, faute de ressources, ne peuvent ni clore ni ensemencer. Elle serait d'avis qu'une loi spéciale vint abolir cette vaine pâture et que chacun dût rester chez soi.

Deux ou trois communes du canton possèdent des landes dépendantes des bois communaux. Sur ces landes croissent des essences végétales, telles qu'ajoncs épineux et fougères, que les cultivateurs font servir à la litière de leurs bestiaux et ainsi convertir en fumier pour l'engrais de leurs terres. Les communes, quoique propriétaires de ces landes et en payant les contributions, les divisent néanmoins en parcelles, les partagent et les attribuent, à des époques périodiques, aux possesseurs des maisons composant anciennement la communauté. Cette attribution constitue ce qu'on appelle dans ces communes le droit de voisinage. Une taxe qui rentre dans la caisse municipale est imposée à chaque possesseur de parcelle, qui, toutefois au détriment des intérêts généraux de la commune, y trouve encore un assez bon revenu.

La commission se serait abstenue de parler de cet usage, si tous les chefs de famille ayant feu et habitation dans la commune avaient été admis au bénéfice de l'attribution dont il a été parlé; mais les forains, c'est-à-dire ceux qui ont construit ou qui construisent, en sont exclus et participent pourtant aux charges communales. Il serait temps de faire cesser une pareille anomalie en obligeant les communes qui procèdent ainsi, ou à retirer leurs landes pour en aliéner les produits du sol, ou à faire participer aux attributions dont il a été question toutes les maisons de la commune qui contribuent aux charges locales.

La commission croit pouvoir dire que les usages qui viennent d'être énumérés sont les seuls qui existent dans le canton de Navarrenx. Elle ajoute que, pour toutes les autres dispositions législatives portées dans la circulaire de M. le Ministre de l'Intérieur, la loi commune est constamment suivie.

———

Canton d'Orthez.

Membres de la Commission :

MM. JAMMES, juge de paix, *président.*
D'ARNAUDAT, membre de la chambre d'agriculture.
TAILLEFER, notaire.
RIQUOIR, avocat.
CASENAVE, avocat.

Art. 590, 593. — Il n'existe pas d'usage local dans le canton d'Orthez relativement aux cas prévus par ces articles. Les propriétaires eux-mêmes n'ont pas de règle fixe ; ils coupent les taillis de sept à dix ans, suivant la nature du terrain et suivant leurs besoins ; il en est de même pour le bois de chêne blanc.

Art. 644, 645. — Il n'y a pas non plus d'usages locaux concernant la jouissance des eaux courantes ; on s'en remet aux conventions lorsqu'il en existe. A défaut de conventions particulières, les droits des intéressés sont, en cas de contestation, déterminés par les tribunaux ou réglementés par l'autorité administrative. Au reste, les difficultés de ce genre sont fort rares dans le canton.

Art. 663. — On ne connait pas non plus d'usage qui fixe la hauteur des clôtures. On se soumet généralement aux prescriptions de cet article.

Art. 671. — Il en est de même pour les distances à observer dans la plantation des arbres à haute futaie ; on ne connait dans le canton d'autre règle que celle de cet article.

Art. 674. — Quant à la distance et aux ouvrages requis pour certaines constructions, il n'existe pas de règlements ou usages particuliers; on se conforme aux articles 183, 189, 190, 191 et 192 de la coutume de Paris.

Art. 1736. — En général, on donne les congés trois mois avant la fin du bail. Les baux à ferme commencent ordinairement le 1er novembre.

Art. 1753. — A Orthez, dans la partie de la ville qui se trouve sur la rive droite du gave, on paye les loyers des maisons de six mois en six mois et d'avance. Dans tout le reste du canton, on paye à terme échu. Relativement aux biens ruraux, l'usage général est de ne payer les fermages qu'à terme échu.

Art. 1758, 1759. — La durée du bail d'un appartement est en général d'une année; cette règle ne s'applique pas aux fonctionnaires publics sujets à déplacement.

Art. 1754, 1755. — On ne connaît pas d'autres réparations locatives que celles indiquées dans ces articles.

Art. 1777. — Il n'existe pas non plus d'usages locaux pour les baux à ferme. Les baux sont d'ailleurs fort rares dans le canton. On connaît plus particulièrement le bail à colonage. A l'égard des colons partiaires, il est d'usage que celui qui doit sortir de la métairie donne à celui qui doit entrer toutes les facilités nécessaires pour préparer les terres et les ensemencer, travailler le jardin et y planter choux et autres légumes.

Loi des 28 septembre - 6 octobre 1791. — Il n'existe pas d'usage dans le canton relativement au glanage, et toutes les propriétés étant closes, il n'y a plus de vaine pâture.

Loi du 14 floréal an XI. — Il n'existe ni règlements anciens ni usages locaux relativement à la direction des travaux qui ont pour objet le curage des canaux et des rivières non navigables.

Canton de Salies.

Membres de la Commission :

MM. DE CANDAU, juge de paix, *président.*
CHESNELONG, conseiller général.
DORGANS, notaire.
LABORDE, notaire.

Art. 590, 593. — Les cas prévus par ces articles ne sont régis par aucun usage local dans le canton de Salies. La coupe des taillis se fait par les propriétaires ou leurs représentants de 7 à 9 ans, suivant la qualité du terrain qui les occupe.

Art. 644, 645. — Il en est de même quant à la jouissance des eaux courantes. Les conventions, lorsqu'il en existe, font loi pour les intéressés. A défaut de conventions, et s'il y a contestation, les droits respectifs sont déterminés ou par les tribunaux ou par les autorités administratives, qui, du reste, sont appelés très-rarement à connaître des discussions de cette nature dans la circonscription cantonale.

Art. 663. — Rien ne consacre un usage dans la fixation de la hauteur des clôtures. Les prescriptions du code sont assez généralement suivies.

Art. 671. — A défaut d'usages pour les distances à observer dans les plantations des arbres à haute futaie, les plantations s'opèrent dans le canton conformément aux dispositions du code.

Art. 674. — Quant aux constructions susceptibles par leur nature de nuire au voisin, il n'existe point non plus ni règlements ni usages particuliers ; mais un accord amiable entre voisins précède toujours les constructions de ce genre.

Art. 1736. — Les congés de location se donnent en général trois mois avant la fin du bail dans les conditions de l'article 1736 ; il est rare que les baux à ferme commencent à d'autres époques que le premier novembre.

Art. 1753. — La location des maisons se paye au terme de la durée du bail ; il en est de même pour les baux à ferme des biens ruraux.

Art. 1758, 1759. — La location d'un appartement est faite habituellement pour une année. De rares exceptions se produisent en faveur des fonctionnaires publics.

Art. 1754, 1755. — Les réparations locatives ou de menu entretien indiquées par ces articles sont les seules que l'on sache être mises à la charge des locataires.

Art. 1777. — On ne connaît pas non plus d'usages locaux pour les baux à ferme. Le bail à colonage est plus particulièrement adopté dans le canton de Salies. L'usage veut, à l'égard des colons partiaires, que celui qui sort laisse à celui qui entre la faculté de faire aux terres les travaux nécessaires et les préparer aux plus prochaines semailles ; d'ensemencer les objets qui doivent l'être avant l'expiration du bail ; de cultiver le jardin et y planter divers légumes; de couper du soutrage; d'entretenir enfin de litière, soit les étables à bœuf, soit les lieux où se fait habituellement le fumier.

Loi du 28 septembre-6 octobre 1791. — Il n'existe point d'usages pour le glanage. Quant à la vaine pâture, elle s'exerce dans deux communes du canton de Salies, celles de Castagnède et Lahontan, et est régie par des règlements particuliers à chaque localité.

Canton de Sauveterre.

Membres de la Commission :

MM. Dubarbier, juge de paix, *président.*
Bonnecaze, maire de Sauveterre.
Etchelecu, notaire.
Salette, avocat.

Renseignements généraux fournis par la Commission :

Il n'existe pas dans le canton des usages locaux déterminés et suivis. Le seul usage qui nous ait été signalé, d'une fort rare application, est relatif à la distance à garder pour la plantation des haies vives. Il serait procédé comme suit : le propriétaire qui planterait la haie laisserait seulement du côté de son voisin la distance nécessaire pour pouvoir y placer une bouteille de litre et un verre d'une grandeur ordinaire, ce qui fournit seulement une distance de seize centimètres environ.

RAPPORT

DE LA

COMMISSION CENTRALE.[1]

Monsieur le Préfet,

Diverses circulaires ont appelé l'attention de l'administration sur certains usages qui avaient force de loi dans un grand nombre de cas, et on a désigné certaines dispositions du code civil comme devant être complétées par un recueil des usages locaux qui serait fait dans chacun des départemens de la France. Des commissions cantonales ont été créées par vos soins, et par une lettre du 30 novembre 1855, vous nous avez nommés membres de la commission chargée de vérifier ce travail. Les pièces ne nous ont été remises que le 15 de ce mois, et immédiatement, la commission s'est livrée à un examen soigneux dont nous avons l'honneur de vous soumettre le résultat.

(1) Cette commission était composée de MM. Amilhau, premier président de la Cour impériale; Dufau, président honoraire; Brascou, président de chambre; Adéma, conseiller à la même cour; Manescau, conseiller général, et Blandin, avocat.

Nous avons reconnu qu'il n'existe dans ce département aucun règlement écrit donnant un caractère authentique à des usages locaux en dehors du droit commun. Il existait à l'époque de l'émission du code civil certaines règles conservées dans la mémoire des habitans qui constataient certains usages; mais grâce à la clarté et à l'unité de notre législation si simple et d'une application si facile, la plupart des usages ont successivement disparu et les rares exceptions qui existent sont plutôt une cause de procès qu'un bienfait pour les populations. Les auteurs du code Napoléon n'avaient pas voulu passer d'une manière trop brusque à une règle immuable. Ils voulaient respecter les droits acquis au moment de l'émission du code. Mais la pensée exprimée par les divers orateurs était que ces usages tomberaient en désuétude. Dans cet état de choses, il eut été peut-être plus prudent de ne pas réveiller d'anciennes prétentions, de ne pas faire revivre les coutumes si diverses qui faisaient un chaos de la législation et de faire disparaître complètement tous ceux de ces usages qui n'ont pas d'importance réelle.

En suivant la série des questions, Monsieur le Ministre se demande quels sont les usages locaux relatifs au droit de l'usufruitier quant à l'exploitation des bois.

Dans le département des Basses-Pyrénées, il n'y a d'autres règles que celles relatives à l'aménagement des coupes, et cette règle varie selon l'essence du bois, sa situation et le mode d'administration particulier aux besoins auxquels on le destine. Ce n'est pas là à proprement parler un usage local. C'est une exploitation qui a lieu quand la récolte est mûre et peut être appropriée aux besoins auxquels on la destine. Il y a d'ailleurs une règle générale placée dans l'article 590 du code Napoléon, et d'après laquelle l'usufruitier des bois taillis est tenu d'observer l'ordre et la quotité des coupes conformément à l'aménagement ou à l'usage constant des propriétaires.

Quant à l'époque à laquelle le bois doit être coupé, les bois de chêne s'exploitent de dix à quatorze ans, selon que l'essence est de bois noir ou de bois blanc, ou que c'est un bois d'une petite contenance dont la maturité est hâtée par l'air et par le soleil, ou au contraire une grande masse de bois qui se trouve soumise à l'ombre des montagnes. Le châtaignier s'exploite pour des cercles, de quatre à cinq ans dans le canton de Bayonne, de cinq à six ans dans les autres parties du département. Quand on veut faire de cet arbre des échalas ou du merrain, l'exploitation a lieu de dix à onze ans. Quant au tétard, on coupe à six ans pour fagots et à douze ans pour gros bois à brûler.

Pour les pépinières, il en est très peu dans ce département. L'usufruitier en use avec mesure et à charge de replanter et d'entretenir. Il en est de même pour les arbres fruitiers. Il n'y a pas là d'innovations ; c'est la règle du code.

On exploite les futaies en les émondant pour le chauffage et en les jardinant pour les constructions. Toutefois, l'usufruitier n'a le droit de prendre pour ces dernières que pour réparer les bâtisses soumises à l'usufruit. Il a partout le droit de disposer des arbres dépérissants à charge de replanter.

Ces coutumes ne sont que la reproduction des principes du code Napoléon. Aussi, tous les procès-verbaux déclarent que dans ce moment on ne connaît de règle que le code Napoléon.

Sur la seconde question qui dérive de l'article 644 du code et sur l'article 645, il n'y a pas eu d'usages locaux constatés dans les cantons. L'usage des eaux est réglé par titres ou par jugements, et dans le cas où il n'en existe pas, il y est pourvu conformément aux dispositions de l'article 645, sans qu'il y ait aucun règlement particulier.

Nous ne mentionnons que pour mémoire le canton de Lembeye qui présente comme usage une règle commune que les eaux se partagent dans la proportion des terrains à arroser, et que quand il y a lieu à curage du lit, chacun l'opère de son côté.

La troisième question est relative aux clôtures. Chacun peut contraindre son voisin, dans les villes et faubourgs, à contribuer aux constructions et réparations de la clôture faisant séparation de leurs maisons, cours et jardins. La hauteur de cette clôture, à défaut d'usages, est déterminée par les dispositions de l'article 663 qui la fixent à 32 décimètres de hauteur dans les villes de 50,000 âmes et à 26 décimètres dans celles qui ont moins de population. Mais ce règlement n'existe qu'à défaut d'usages locaux. Dans le

8

département, plusieurs villes, notamment Bayonne, avaient des usages qui n'étaient pas très-éloignés de la règle posée par le code, et depuis l'émission de ce code, ces usages sont tombés en désuétude et la mesure déterminée par l'article 663 a seule été suivie. Lorsqu'il y a eu des discussions, les parties ont plaidé comme si le code eût toujours été la seule règle, et les tribunaux ont appliqué cette loi sans se préoccuper des usages. Cet état de choses dure depuis un demi siècle et il serait aussi inutile que dangereux d'aller reprendre le passé pour en faire un embarras dans l'avenir. Il reste quelques cantons très-rares dans lesquels on suit les usages suivants. A Laruns la hauteur des clôtures est de 1 mètre 20 ; à Espelette, elle est de 1 mètre 40 à 1 mètre 60 ; à Bidache, elle est de 2 mètres dans la ville et de 1 mètre 33 dans la campagne ; à Garlin, c'est selon les matériaux qui composent la séparation. Si c'est en terre, la clôture est de 2 mètres 10 centimètres ; en pierres, de 1 mètre 60 ; et en haie vive de 1 mètre 30. Toutefois, même dans ces localités, une partie des habitans laisse de côté les usages pour se conformer au code Napoléon.

La quatrième question s'applique aux usages relatifs à la distance que l'on doit observer pour planter des arbres sur son terrain. Le code a déterminé 2 mètres pour les arbres à haute tige, 1/2 mètre pour les autres arbres et les haies vives ; mais ceci n'est qu'à défaut de règlements et usages reconnus. D'après le droit romain qui était suivi à Oloron et à Ste-Marie, les arbres à haute tige devaient être à la distance de 1 mètre 75 centimètres, et à basse tige ils devaient être à 36 centimètres. A Oloron, on porta cette distance à 2 mètres 16 pour les arbres à haute tige et à 48 centimètres pour les autres. Cependant, le droit romain n'était pas exécuté dans sa véritable expression relativement à ce point pour tout ce qui n'était pas le Béarn. Dans ce pays de Béarn, la coutume, article IV, rubrique des prescriptions, avait disposé d'une manière générale qu'en matière de servitude le droit commun serait observé.

C'était le droit romain selon lequel (loi 13 ff. finium regundurum, liv. 10, tit. 1) tous arbres à haute tige devaient être plantés à la distance de cinq pieds du fonds voisin, à l'exception de l'olivier et du figuier pour lesquels la distance était fixée à neuf pieds.

En conformité de ces dispositions, la jurisprudence du Parlement de Pau avait consacré par de nombreux arrêts :

Que les arbres à haute tige devaient être plantés à cinq pieds des confins de l'héritage voisin ;

Que sur la demande du voisin, les arbres plantés ou venus à moindre distance devaient être arrachés, à moins que par leur croissance trentenaire le propriétaire n'eût prescrit le droit de les conserver ;

Qu'enfin le voisin avait toujours le droit de couper les racines qui avançaient dans sa propriété et d'exiger du propriétaire des arbres que les branches fussent élaguées et coupées par le bas jusqu'à la hauteur de quinze pieds à compter du sol du fonds appartenant au voisin.

Aujourd'hui, dans tout le Béarn, on suit la règle tracée par le code. Cependant, on rappelle pour mémoire qu'à Navarrenx on avait le droit d'ébrancher et d'émonder les arbres à une hauteur de cinq mètres quand ils étaient à une distance moindre que celle que nous avons tracée plus haut.

Dans le canton de Sauveterre, pour fixer la distance à observer pour les haies vives, on laissait au delà de la haie l'espace pour une bouteille comme celle de litre et pour un verre de grandeur ordinaire, ce qui formait 16 centimètres Mais toutes ces règles ont disparu et l'article 671 du code Napoléon est seul observé.

La cinquième question est relative aux usages des distances et des ouvrages intermédiaires à observer pour certaines constructions (art. 674).

La coutume de Paris, qui avait établi les distances, n'était pas suivie en Béarn, sauf à Ste-Marie et à Oloron. A Garlin, Pontacq, et dans presque tous les autres cantons, lorsqu'il s'élève des difficultés, les travaux sont indiqués par le juge de paix qui, au besoin, commet des experts pour indiquer ce qui doit être fait. C'est un peu arbitraire, mais inévitable, car la nature des terrains dans lesquels on creuse des puits ou des fosses peut, selon qu'elle est compacte ou friable, dure ou molle, exiger une plus grande distance et de plus grandes précautions. De même si la cheminée, la forge ou le fourneau se trouvent adossés à un mur en bizet, il faut un contre-mur qui empêche le feu de communiquer à l'édifice voisin.

Il y a, cependant, quelques coutumes particulières. Ainsi, à Nay, on fait pour les puits, fosses et dépôts de sel ou de matières corrosives, un mur de 60 centimètres d'épaisseur; pour les cheminées et les forges ou fourneaux, on fait un mur de 33 centimètres d'épaisseur et on laisse un intervalle de 17 centimètres; pour une étable, le mur a 33 centimètres d'épaisseur et 70 d'élévation. A Bidache, le contre-mur doit avoir une certaine épaisseur et 16 centimètres de distance. A Lembeye, le propriétaire qui fait ses constructions est tenu de prémunir par des ouvrages nécessaires ou de supporter le préjudice du sinistre qui est censé alors résulter de son fait. Ceci est l'exécution littérale de l'article 1382 du code Napoléon.

En s'occupant de ces dispositions, l'attention de la commission a été appelée sur ce qui est relatif aux fossés. La loi n'a point fixé à quelle distance des propriétés voisines il faut les établir. Selon les uns, il faut adopter la loi romaine, qui laisse une distance égale à la profondeur du fossé; selon d'autres, il suffit de 33 centimètres de distance, comme cela se pratique à Bidache, et cela s'appelle *pied sur bord*. Enfin, la Cour de Cassation, en l'absence d'aucune loi précise, autorise le propriétaire qui veut établir un fossé dans sa propriété à le prendre à la ligne séparative des héritages, sans observer aucune distance. Cette jurisprudence rend une loi absolument nécessaire, car elle deviendrait, si elle n'était pas modifiée, la source de nombreuses contestations. Les bornes ne sont pas une garantie suffisante pour séparer les héritages; le fossé a cet inconvénient que, soit par la malice du voisin, ou par la nature même des choses, il est soumis à des éboulements successifs dont le résultat forcé est une usurpation de terrain. Aussi partout l'usage avait consacré un espace entre le fossé et la propriété du voisin que l'on nomme berge ou répart, marge ou réparation, garde ou bite de la borne. Il importe, pour prévenir de nombreux litiges, de fixer une distance qui devrait être de 35 à 40 centimètres; c'est un vœu qu'émet la commission.

La sixième question a pour base les articles 1736, 1738, 1753, 1758 et 1759 du code Napoléon. Il s'agit des baux faits sans écrit, des congés, de la durée tacite de la reconduction.

Pour bien se fixer sur les congés, il faut distinguer entre les congés donnés dans les villes et ceux donnés dans les campagnes, congés urbains et congés ruraux. Le code ne s'occupe que de la première classe. La commission a pensé qu'il était nécessaire de se préoccuper aussi de la seconde. En règle générale, le congé dans les villes est donné trois mois d'avance, et pour les biens ruraux, il doit être donné six mois avant la sortie. Lorsqu'il y a une convention verbale ou écrite, elle doit être observée. Dans le cas où il n'y a pas de convention, ou dans celui où le locataire est en possession par voie de tacite reconduction, il est d'usage, dans l'arrondissement de Bayonne, que le congé, signifié n'importe à quelle époque, fait cesser trois mois après la location. Pour les locations à l'année, la tacite reconduction est censée faite pour continuer le bail pour une année. Quand rien ne constate pour quelle durée on a loué un appartement non garni, c'est censé à l'année, conformément au code. Quand le bailleur s'est réservé de venir occuper les locaux à sa volonté pendant un bail, il doit donner congé trois mois avant l'expiration de l'année courante (article 1762).

Dans la Basse Navarre, on donne les congés pour les locations des maisons depuis le 15 août jusqu'au 15 septembre, et cette date varie dans les cantons d'Iholdy, d'Espelette, de St-Palais, de Hasparren, de St-Jean-Pied-de-Port et de St-Jean-de-Luz. Il serait convenable qu'il y eût une seule date fixe, et comme pour tout le reste du département, qu'elle fût de trois mois avant l'expiration de l'année.

Pour les locations au mois, les congés peuvent être donnés quinze jours d'avance.

A Hasparren, la tacite reconduction pour les moulins n'engage jamais que pour une semaine. Dans tout l'arrondissement de Bayonne et de Saint-Palais, les locations des employés sont censées faites pour un mois.

A Sainte-Marie-d'Oloron, la location des usines est censée faite pour trois ans parce qu'il faut conserver les chalands que l'on a attirés, et la tacite reconduction, après les trois premières années, ne dure que pendant un an, et on est dans l'usage de donner un congé trois mois avant l'expiration.

Enfin, la possession de huit jours après l'expiration du bail écrit, sans avertissement, suffit dans l'arrondissement de Bayonne pour que la reconduction soit acquise. Cela s'applique également au fermage des biens ruraux. Pour ces derniers, la tacite reconduction s'exerce conformément à l'article 1774 du code Napoléon. Mais le congé doit être donné trois mois avant la fin de la dernière année de l'assolement.

Les baux ruraux commencent, dans le pays basque, le 11 du mois de novembre ; dans l'arrondissement de Pau, ils commencent le premier de ce mois. Les congés sont donnés à Saint-Jean, et par conséquent six mois d'avance. Plusieurs cantons se sont plaints de ce que le tribunal de Bayonne avait consacré la jurisprudence d'après laquelle le fermier qui n'avait pas préparé ses semailles et sa culture pour l'année suivante pouvait être expulsé du jour au jour. La commission pense que c'est là une erreur contraire à l'esprit et au texte des lois et qui serait aussi nuisible au propriétaire qu'au fermier lui-même. Il faut une mise en demeure, un délai moral pour que le fermier puisse diriger sur un autre lieu les récoltes qu'il a cueillies, les animaux qui sont sa propriété et les machines et usines qui lui appartiennent. Toute autre disposition serait injuste et inhumaine.

Nous ne parlons pas de l'usage de signifier les congés par deux notables, qui est pratiqué dans les arrondissements de Bayonne et de St-Palais. Cet usage, contraire à la loi qui veut que le congé soit établi par écrit lorsqu'il s'agit de choses excédant cent cinquante francs, paraît tomber en désuétude par les inconvénients nombreux qu'il a entraînés en raison de la qualité et de la véracité des témoins. On a également exprimé le vœu que, dans le pays basque, l'année des fermiers et colons commence le premier novembre pour ne pas retarder les semailles faites par les fermiers entrants. Le maïs est retiré à cette époque et il ne saurait y avoir d'inconvénient.

Il y a des congés spéciaux qui, même dans les lieux où on n'accorde qu'un délai de trois mois, doivent être donnés six mois d'avance. Ce sont ceux qui sont relatifs aux magasins ou ateliers. Cette coutume est généralement suivie.

Il y a encore dans le pays basque les congés donnés pour les prairies qui doivent avoir lieu le 25 mars.

L'époque du paiement des fermages est faite pour les maisons avec le paiement par avance et les loyers sont de trois ou six mois. Les fermages se payent par année et terme échu. Les propriétaires n'exercent en général aucune action sur les sous-locataires.

La septième question s'applique aux réparations locatives. A cet égard, l'article 1754 est exécuté dans tout le département. Cependant, on a prétendu qu'à Lasseube, le locataire n'était tenu que de remettre les vitres cassées, et qu'à Ste-Marie, il n'était tenu que des réparations dont la dépense n'excédait pas trois francs, avec cette précision que lorsque le locataire néglige de la faire pour une si minime somme, il est responsable du dépérissement de la chose.

La huitième question est une des plus importantes. C'est l'application de l'article 1777 du code Napoléon. Les usages ne peuvent être invoqués que lorsque le bail n'a pas été réglé par écrit. La règle commune, c'est que le fermier et les colons partiaires doivent laisser les terres dans le même état dans lequel ils les ont reçues.

Ainsi, ils doivent les laisser ensemencées s'ils les ont trouvées en cet état; ils doivent laisser les jachères préparées pour recevoir la semence dans tous les cas. Les colons travaillent les terres et perçoivent la moitié de la récolte. Il y a cependant des localités dans lesquelles existent des rapports singuliers, et que la commission a eu peine à admettre, entre le propriétaire et le colon. Ainsi, à Morlaas, on prétend que le salaire des ouvriers est payé moitié par le propriétaire et moitié par le colon pour émotter, sarcler et scier le froment et les autres grains à tuyau, ainsi que pour buter le maïs et brayer le lin. Pour effeuiller et cueillir le maïs, le propriétaire joint deux ouvriers à ceux que le colon emploie. Il en est de même pour les travaux de terrage, de marnage, etc. Quand il s'agit de travaux de charronnage et de la réparation des travaux aratoires par le forgeron, le bailleur paie l'ouvrier et le preneur le nourrit. Il en est de même pour les charpentiers, maçons, couvreurs et autres ouvriers qui exécutent des travaux ordinaires de réparation et d'entretien des travaux de la ferme.

Pour les transports de terre ou de marne, le propriétaire met deux ouvriers chargeurs à la disposition du colon. Le propriétaire prélève le dixième sur les grains à tuyau, le lin et le maïs.

Nous croyons que l'on a pris ici l'exception pour la règle et que ces diverses conditions, qui ne sont admises nulle part, n'existent pas généralement dans le canton de Morlàas.

En règle générale, toutes les récoltes sont partagées entre le bailleur et le preneur.

Maintenant, entre le colon entrant et le colon sortant, comme nous l'avons dit, ce dernier doit laisser les terres dans l'état dans lequel il les a reçues. Il doit rendre la même quantité de fourrage qui lui a été livrée à son entrée. Il doit laisser les pailles et les fumiers, sauf les exceptions que nous signalerons plus tard. Il doit laisser les outils avec la même quantité de fer qu'il a reçue, les instrumens aratoires dans le même état et les bestiaux avec la même valeur.

La commission pense que l'on ne doit pas laisser emporter aucune sorte de paille de blé, de seigle ou de maïs. C'est peu profitable à celui qui l'emporte et au grand détriment de la propriété qui reste. Il doit en être de même des engrais.

Tels sont les usages généraux et qui sont communs à tout le midi de la France. C'est l'exécution du code Napoléon dans son principe.

On doit préciser que par le mot paille dans les fourrages à laisser, on doit entendre toute sorte de fourrages, même la dépouille du maïs.

Nous avons cependant à tracer quelques exceptions. Ainsi, à Hasparren et dans les cantons de la Basse Navarre, on afferme les prairies séparément des terres; le prix des prairies est fixé en argent; le fermier sortant emporte son fourrage ; le congé doit lui être donné le 25 mars, époque de l'ouverture des prairies, et alors il ne doit plus y toucher et il en abandonne la jouissance et l'administration à son successeur qui commence aussitôt à soigner les clôtures, à ouvrir les rigoles, et qui plus tard transporte ses fourrages dans la maison d'habitation qu'il ne doit occuper qu'à la St-Martin et dans laquelle le fermier sortant doit lui laisser sa grange à foin pour qu'il puisse y enfermer commodément le foin et le regain. Le fermier sortant jouit cependant dans quelques lieux des herbes mortes jusqu'au onze novembre. Il est encore de règle qu'après la récolte du froment, le fermier entrant puisse par des labours préparer la terre pour la culture de la rave et du farouche.

Le fumier doit être répandu sur les terres de l'exploitation, et s'il y a un excédant, il est des lieux dans lesquels le fermier entrant en profite sans payer aucune indemnité. Mais il en est d'autres dans lesquels ce fumier se partage, et d'autres dans lesquels le preneur est tenu de payer la valeur ou la moitié de la valeur du fumier.

A Espelette comme à Hasparren, les fermiers sortants emportent les feuilles sèches de maïs qui n'ont pas été consommées, mais à Espelette, le fermier sortant emporte le maïs que le propriétaire peut retenir en en payant l'estimation. C'est là une source de difficultés qui font émettre le vœu que le fumier ne soit emporté dans aucun cas.

A St-Jean-de-Luz, le fumier est partagé entre le propriétaire et le colon, mais le propriétaire a la faculté de garder la portion du métayer en la payant au prix d'estimation. Il faut expliquer que le fumier ainsi partagé est celui fait depuis le 24 juin jusqu'au 11 novembre, jour de la sortie, tous les fumiers faits antérieurement étant acquis à la propriété et devant être déposés sur les champs.

Il existe encore dans la Basse-Navarre une autre difficulté relativement aux herbes mortes. Le fermier sortant doit jouir des pâturages des prairies après la rentrée des foins et des regains faite par celui qui doit le remplacer. Cette opération doit être faite dans certaines communes du canton d'Iholdy le 20 juillet, et dans d'autres le 1er et même le 15 août. Cette diversité dans l'époque occasionne des difficultés.

Il est à remarquer que les herbes marines, varech et autres, apportées par la mer sur la plage, font un fumier important. Chacun des voisins s'empresse de ramasser le plus qu'il peut de ces herbes dont il fait des tas, et il est entendu que c'est là une propriété particulière à celui qui l'a formée.

Enfin, le chaulage des terres ayant lieu ordinairement au moyen de la chaux faite par le métayer et à moitié frais avec le propriétaire, si ce dernier congédie son colon avant qu'il ait pu profiter de cette bonification qui dure quatre ou cinq ans, il lui doit une indemnité. Ceci se pratique à St-Jean-de-Luz et est une règle d'équité également applicable au marnage.

En résumant ce point, il n'y a point d'usages locaux dans les

arrondissements de Pau, d'Oloron et d'Orthez en dehors des règles
tracées par le code. Il en est de même pour une partie des arrondissements de Bayonne et de St-Palais. Pour le surplus formant la Basse-
Navarre, il n'y a de modification qu'à cause du mode d'exploitation
qui sépare les prairies des terres, fait donner les congés au 25 mars
et permet au colon sortant de disposer des pailles, fourrages et fumier.
Ce n'est pas le cas de consacrer ce mode vicieux. Mieux vaut
ramener par degrés les populations à la loi commune.

La neuvième question s'applique au parcours et à la vaine pâture,
articles 2 et 3, section 7, de la loi des 28 septembre et 6 octobre
1791.

Ce qui existait dans les temps anciens a été pris en considération
par la loi de 91 qui s'en est rapportée à l'usage immémorial et aux
coutumes.

La coutume du Béarn, article 10, *des boscadges*, et article 5,
des *herbadges*, et les règlements de Béarn, article premier, rubrique
des *herbadges* et *padoences*, avaient autorisé le parcours et la vaine
pâture jusqu'au troisième clocher, sur les terres incultes en tout temps,
et sur les terres cultes à fruits cueillis. Mais depuis, sur la demande
des Etats, ces facultés coutumières furent abolies par les édits de
décembre 1767 et février 1770, confirmés par déclaration du Roi
du 25 mai 1783. Les troupeaux de chaque communauté ne purent
être conduits sur les territoires des communautés voisines, et on
autorisa la clôture des héritages par des fossés ou des haies vives
ou sèches, et les terrains clos ne furent plus soumis à la vaine
pâture. Aussi ce droit de parcours n'existe pas dans les arrondissements de Pau, d'Oloron et d'Orthez, si ce n'est dans des bois
et landes communales, et des règlements nouveaux fixent le commencement du parcours, l'espèce et les nombres d'animaux qui doivent l'exercer; c'est le Maire qui prend des arrêtés à ce sujet. Ceci
se pratique à Oloron et à Sainte-Marie.

Pour ce qui est du pays basque, l'ancienne coutume de Soule
autorisait le parcours, la vaine pâture en toutes saisons, et l'article 2,
titre des prescriptions, n'autorisait aucune exception pour les terrains
qui ne seraient pas clos. Mais successivement les clôtures se sont
multipliées, les règlements pour le parcours sont tombés en désuétude,